MEMÓRIAS DE UM GARIMPEIRO

PERENONG

MANO ROSSETO

Minha gratidão...

À Deus, por me permitir viver tantas experiências e sair vivo delas. Sei que sempre esteve comigo, apesar de às vezes, eu não estar contigo.

À minha esposa Fabiana, que ao longo dos últimos quinze anos conviveu comigo, enfrentando todas as adversidades e desafios e desfrutando comigo os prazeres e alegrias que uma vida conjugal oferece. Como a primeira pessoa a ler este livro, ainda em esboço, muito obrigado pela sua opinião. Com certeza você tem parte relevante na realização deste projeto.

A nossos dois filhos, Fernando e Isabela, com vocês, eu ensino e aprendo todos os dias. Vocês são a alegria diária em meu coração.

Um agradecimento especial ao meu tio, Paulo Fernando Ceresoli, pelos conselhos e experiência de vida que me transmitiu e a minha tia Cristina Ceresoli, por sempre me receber de braços abertos em sua casa. Conviver com vocês foi uma experiência gratificante.

"Levanto os meus olhos para os montes e pergunto: De onde me vem o socorro"? O meu socorro vem do Senhor, que fez os céus e a terra. Ele não permitirá que você tropece; o seu protetor se manterá alerta, sim o protetor de Israel não dormirá; ele está sempre alerta!"

Salmo 121:1-4

ÍNDICE

PREFÁCIO

Neste livro, eu narro, tentando arrancar das profundezas da minha mente, as lembranças da minha jornada pela Guiana, antiga Guiana Inglesa, ex-colônia da Inglaterra, único país da América do Sul a ter o inglês como língua oficial. Uma nação com cultura, idioma e diversidade peculiares. Sua população é composta em sua maioria por habitantes de origem indiana, seguida de perto por uma parcela de origem africana. Além dos mestiços de origem indígena, europeus e chineses.

As datas, locais e nomes de pessoas podem não representar a realidade, pois hoje, no dia em que começo a escrevê-lo, faz quase vinte anos que deixei aquele país.

Não é nada fácil escrever sobre o passado depois de tanto tempo, ainda mais pra mim, que tenho uma péssima memória. Reunir elementos, lembrar fatos, nomes e lugares, é uma tarefa quase impossível, mas dado que passei por alguns dos dias mais difíceis da minha vida naquele local, achei importante fazer o esforço e relatar essa experiência, mesmo que, com mistos de realidade e ficção.

Saber quando parar é tão crucial quanto saber aonde se

quer chegar. Muitas vezes a ilusão criada em nossa cabeça, do sucesso a qualquer preço, podem nos levar a um caminho sem volta, principalmente, se for num garimpo, em uma região de difícil acesso e com poucos recursos.

Na vida, aprendi que é importante saber fazer a avaliação de risco, saber quando não "dá mais", pode salvar sua pele. No meu caso, na Guiana isso aconteceu literalmente. Muitas vezes guiados por uma ideia de "trabalhar até dar certo" e outros lemas motivacionais, vamos afundando até o pescoço numa lama, que não nos fará chegar a lugar nenhum, a não ser o fundo do poço. Mais uma vez no meu caso, isso aconteceu literalmente. E na selva guianense, essa insistência pode significar a morte.

Eu sobrevivi, mas as marcas me acompanham até hoje. Para a mim, a passagem pelo Perenong foi enriquecedora, não claro, no sentido de ficar rico, mas pela experiência e pelos momentos em que, acredito eu, aproximaram-me de Deus e me fizeram compreender muitas coisas que não me atentava antes. Eu fui até o fim, fiz o que pude e saí com a certeza de que tentei tudo o que estava ao meu alcance, sem deixar de lado meus princípios, mas muitas , questionando minhas próprias crenças. Poderia sim ter parado e ter abandonado tudo antes, mas algo me segurou e vivi o que precisava ter vivido.

Aprendi a lição. Várias lições, que tento aqui, passar a você.

Que seja uma leitura divertida e que sirva de aprendizado para você leitor, assim como foi pra mim. E não me julgue. Lembre-se que algumas partes podem não ser reais, apenas devaneios de um ex garimpeiro com péssima memória. Boa leitura.

1. SE NÃO PODE COM O INIMIGO...

Faça parte da festa

Cheguei à Guiana em 2001, após passar um tempo trabalhando nos garimpos do Suriname. Foi um ano chafurdando na lama na antiga colônia holandesa, "procurando algo que não tinha perdido" como diziam os garimpeiros.

Fui para o Suriname por intermédio de meu tio, que já morava lá há um bom tempo. Meu tio era um conhecido comprador de ouro em Paramaribo e tinha uma clientela muito fiel. Simpático e comunicativo, com um humor cativante, ele atraía muitos clientes e ajudava muitas pessoas, em sua grande maioria, garimpeiros brasileiros. Ele financiava vários desses garimpeiros, que depois vendiam o ouro pra ele como retribuição.

Muitos desses garimpeiros não tinham sucesso na corrida pelo ouro, e desta forma não pagavam os empréstimos. Numa dessas, meu tio recebeu como pagamento de uma dívida, um maquinário de garimpo, como era chamado o conjunto de equipamentos para extração de ouro e diamantes.

Esse maquinário estava numa região remota da selva guianense e precisava de alguém para colocá-lo em funcionamento. Foi aí que eu entrei na história.

Fui convocado por meu tio para ir até a Guiana, algo que, influenciado por meu espírito aventureiro, e por não ter outra opção, logo aceitei. Para me acompanhar, um senhor de cinquenta e poucos anos, chamado de Ceará, referência ao seu estado de origem (Algo comum nos garimpos, poucos usam nomes verdadeiros).

Ceará era um senhor baixinho e acima do peso, com um senso de humor típico dos cearenses, e também era um garimpeiro muito experiente.

Chegamos a Georgetown, capital da Guiana, e fomos hospedados em um hotel no litoral, que infelizmente não recordo o nome. A costa guianense naquele local é formada por uma espécie de mangue, a água do mar de cor marrom não é nada convidativa e o litoral tem em sua extensão um muro, o Seawall, para conter a água, já que a maior parte da cidade se encontra abaixo do nível do mar.

Eu e o Ceará ficamos no mesmo quarto e falávamos muito pouco em inglês. Fazíamos as refeições em um restaurante no próprio hotel. Nos sábados à noite, nesse mesmo restaurante, acontecia um evento que costumava deixar o local lotado. Era noite de karaokê.

Por incrível que pareça, o karaokê ia até madrugada, com muita cantoria e vibração, o barulho invadia todos os cantos do hotel, os participantes gritavam e vibravam muito durante a competição.

Com a barulheira, ficávamos no quarto sem dormir, Ceará me olhava e balançava a cabeça, contrariado. O convenci a descer e acompanhar a festa. Chegamos no bar e todos perceberam nossa presença, éramos dois estranhos no ninho, mas acabaram não dando muita atenção,tamanha a euforia no ambiente. Uma senhora cantava Wind of Change, da banda alemã Scorpions, nos sentamos num canto tentando ser discretos e ficamos ali curtindo a apresentação. Então, um senhor, que deveria ter uns cinquenta e poucos anos, se levantou e veio até nós. Ele era preto, alto e magro, cabelos compridos e mal alisados, usava calça jeans, camiseta regata e duas pulseiras largas de metal dourado. Ele se aproximou e sorridente, perguntou de onde éramos. Expliquei, com aquela dificuldade habitual e ele se empolgou:

-       Ho Brasil, I love it. Pelé...Soccer...Yeah.

Ceará ria e só repetia:

-       Yes, yes.

-       I am Arnold - disse ele estendendo a mão para nos cumprimentar.

Disse-lhe nossos nomes e me pareceu não entender nada. Perguntou se bebíamos e antes que pudéssemos responder levantou a mão para o garçom que nos trouxe duas cervejas mexicanas. Entendia pouco o que o nosso novo amigo falava, mas pareceu pedir para torcermos por ele.

Chegou a vez de Arnold, ele pegou o microfone e cantou Livin' on a Prayer do Bon Jovi. E sabia aproveitar o momento, cantava de olhos fechados, sua voz ecoava pelo hotel. Perguntava-me se alguém dormia ali aos sábados. Ao final, após sua nota aparecer na tela da tv, ele vibrou muito, tinha sido a maior nota da noite. Ele batia as pulseiras uma contra a outra e comemorava sua vitória, até o momento. Depois de passada a euforia, nos trouxe mais cervejas e nos disse que o demos sorte. Ceará ria e repetia:

"Yes, yes"

No hotel também estava hospedada uma garota chamada Latiffa, uma preta alta de corpo curvilíneo e longos cabelos negros. A conhecemos no bar na hora do jantar. Ela bebia um drink no balcão ao nosso lado, enquanto esperávamos a comida.

Perguntou de onde éramos, nos apresentamos e ficamos ali naquela comunicação meio verbal, meio gestual. Fui ao banheiro e quando voltei não encontrei o Ceará e nem a Latiffa.

Perguntei ao atendente do bar, sobre os dois, ele sorriu e fez um gesto que tinham subido. Logo chegou o jantar e pedi ao garçom que guardasse o prato do Ceará.

Terminava minha refeição tranquilamente quando ouvi alguns gritos que pareciam vir do andar de cima. Olhei para o barman que enxugava um copo.

- Latiffa? – perguntou-me preocupado.

Balancei a cabeça e subi as escadas apressado. Ele veio logo atrás.

Chegamos no corredor e encontramos Latiffa enrolada em uma toalha, gritando com o velho Ceará, que estava vermelho, tentando dar alguma explicação.

- O que houve Ceará? - Perguntei

- Eu num sabia que ela ia cobrar - disse ele - Eu não entendo nada que ela fala.

Latiffa se aproximou e gritou empurrando o pobre Ceará:

- Pay my money! -

O barman tentou acalmá-la. Eu me perguntava onde estava o longo cabelo da Latiffa, já que sua cabeça estava quase raspada. Enfim o barman levou Latiffa para o quarto e a acalmou. Ceará e eu descemos para o bar. Eu olhava para o velho cearense e ria. Ele ria comigo.

- Ela usa peruca- ainda soltou.

Nos dias seguintes, Latiffa quando cruzava por nós no corredor, enrolada em sua toalha, olhava para o velho Ceará com a cara fechada e abria a toalha mostrando o corpo nu. Depois virava a cara e saia apressada.

- Essa Patiffa... lhe apelidou o velho Ceará.

2. SPICY?

Picante?

Passados alguns dias conhecemos Jorge, um gaúcho radicado no país há muitos anos. Como falava inglês muito bem e conhecia a cidade, se tornou uma espécie de agenciador de garimpeiros na Guiana. Era contratado para resolver problemas de documentação, compras de peças e tudo mais para garimpeiros brasileiros. Como chamava todos de "mano véio", este foi o apelido que Ceará deu a ele.

Jorge foi incumbido de alugar uma casa, que seria nossa "base" em Georgetown. O tédio que passávamos todos os dias no hotel foi quebrado, passamos então a rodar a cidade atrás da casa. Mano véio nos apresentou Jakeline, uma guianense com dreadlocks que falava português perfeitamente. Ela por sua vez, nos apresentou Romie, outra Guianense, uma senhora de quarenta e tantos anos, de olhos grandes e atentos, era um muçulmana descendente de indianos. Romie era corretora de imóveis e não falava uma palavra sequer em português. Então falávamos com Jakeline que traduzia para Romie e assim seguíamos nosso grupo peculiar, pelas ruas de Georgetown em busca de uma casa.

Enfim, depois de rodar muito pela cidade, encontramos uma casa localizada em um bairro agradável, numa avenida chamada Barima. Era uma casa grande, dois andares, quatro quartos. Cozinha e uma ampla sala. Não tínhamos móveis, dormíamos em colchões no chão. Logo, Jorge providenciou um fogão e uma geladeira e acabei ficando responsável por preparar a comida.

Jorge era um homem muito temperamental. Mas que amolecia quando falava de seus filhos. Ele vivia em uma casa modesta em bairro da periferia de Georgetown, onde viviam várias crianças, de várias idades. Eram crianças em situação de pobreza, abandonadas pelos pais e alguns entregues a ele pelos próprios genitores, como forma de levarem uma vida mais digna. Esses eram chamados de filhos por Jorge, eram como filhos adotivos, nada oficial, mas que ele tratava como se fossem seus. Boa parte do que ganhava ia para o sustento das crianças

Eu, em minha incumbência de cozinheiro, ia ao supermercado próximo de casa e fazia as compras, cozinhava e Jorge quase sempre almoçava conosco. Passou a gostar da comida que eu fazia e pediu que fizesse uma polenta, uma comida típica de imigrantes italianos do sul do Brasil, feita com a farinha de milho.

Seguindo instintos, naquele tempo não tínhamos a facilidade da internet, fiz a tal polenta e quando a coloquei na mesa os olhos de Jorge pareciam lagrimejar:

Tantos anos longe do Brasil e do Rio Grande do Sul, qualquer coisa relacionada à sua origem o emocionava, uma canção, uma comida ou uma simples conversa. Jorge dizia que não podia voltar ao Brasil, e nunca entrei no mérito da questão. Eu via que isso o causava muito sofrimento. Então, por um momento, a polenta o trouxe um pouco de felicidade.

- Mas bah, mano véio. Quantos anos que não como uma polenta! - Disse já servindo uma bela porção.

Ele a devorou com gosto sob o olhar desconfiado do Ceará. Engoliu meio quente mesmo. Logo começou a tossir e levou as mãos na garganta, sua face ficou vermelha. Ceará me olhou e deu risada, pensei que estava engasgado e bati nas suas costas. Ele então gritou: - Sal, muito sal, minha pressão está subindo.

E assim fomos parar no hospital. Eu havia salgado demais a polenta.

Bom, naquela casa, nunca mais se falou em polenta. E Jorge ficou um bom tempo sem aparecer para comer.

Ás vezes, conforme tínhamos algum dinheiro, íamos almoçar no KFC, que era bem perto de casa. Lá nossa dificuldade era fazer os pedidos. Apelamos então para a numeração dos combos nos cartazes. E assim pedíamos nosso almoço: - "Number one, please" (número um, por favor) Todas nossas falas previamente decoradas, minhas falas na verdade, pois o velho Ceará só dava risada.

Tudo corria bem até que a atendente nos perguntava algo

fora do roteiro. Como quando ela perguntava: "Spicy?" - Com seu sotaque guianense, me soava algo como "especial", mas na verdade era apimentado, picante. Olhava para o Ceará e soltávamos um "yes" em coro, com um pouco de receio. Sofremos no início, mas logo o apimentado se tornou nossa preferência.

Como nosso orçamento era limitado, nosso cardápio incluía ainda fruta-pão, de um pé que tinha no quintal. Fazíamos fruta pão grelhada, frita e cozida na água. Em pouco tempo não podíamos mais ver fruta-pão.

Vez ou outra comíamos num pequeno restaurante chinês, onde as condições de higiene eram duvidosas, mas a comida era muito saborosa. Bamie que é o macarrão e Nassie que é o arroz frito, os dois eram servidos com carne de frango, porco ou pato. E muita gordura, mas delicioso e apimentado, claro. Aos poucos, íamos habituando-nos com a culinária local, e com as pimentas

3. CEARÁ, O MEGA INVESTIDOR BRASILEIRO

A casa onde morávamos tinha, no andar de cima, grandes janelas com vista para a Barima Avenue. Durante o dia e boa parte da noite, eu e Ceará sentávamos e ficávamos olhando o movimento, que era de fato muito pequeno. Tinha algumas vizinhas, pareciam estudantes. Moravam numa quitinete próxima da nossa casa. Sempre que as duas passavam, nos cumprimentavam. Ceará sempre ria.

Numa noite qualquer, olhando pelas janelas, vimos um movimento anormal na kitinete das vizinhas. Gente chegando. Som alto. Era sem dúvida, uma festa

Ficamos ali, sentados observando a movimentação. A kitinet ficava a uns cem metros da nossa casa. Certa hora, percebi que as vizinhas acenavam e gritavam nos chamando para a festa. Chamei o Ceará:

- Olha lá. Estão nos chamando para a festa?

Ele coçou a cabeça e forçou as vistas.

- Num sei né? Tá parecendo.

- Vamos?

Ceará balançou a cabeça.

- Vou nada. Não sei nem falar essa língua.

- Vamos lá, Ceará. Não estamos fazendo nada mesmo.

Se você quiser pode ir. Eu não vou não. - disse saindo de perto da janela.

Como me faltou coragem pra ir só, afastei-me da janela

também.

Alguns minutos depois, ouvimos alguém bater palmas em frente ao nosso portão.

Olhei pela janela e lá estavam as duas vizinhas. Uma delas gritou, nos chamando para a festa. Olhei para Ceará e disse:

- Agora não tem como falar não né?

Ainda contrariado, o velho Ceará acabou aceitando E assim fomos, acompanhados pelas vizinhas até a festa.

Entramos no local sob os olhares de todos. Muitos jovens, pareciam estudantes. Eles nos encaravam, meio desconfiados. As vizinhas nos levaram para dentro, até uma sala, quase vazia, onde o som tocava mais alto. Várias luzes coloridas pelo ambiente. Elas nos ofereceram dois bancos, desses altos de madeira. Sentamos e nos serviram cerveja. O idioma como sempre nos travou e nos deixou meio excluídos. As vizinhas até tentaram se comunicar conosco, mas se o inglês já era difícil de entender, imagine com o som alto.

Logo as cervejas secaram, as vizinhas perderam o interesse e ficamos olhando um para cara do outro. Até que um dos rapazes, já meio "alegrinho" se aproximou e puxou conversa.

Ele se esforçava para que eu o entendesse, perguntando como se chamavam as coisas em português. Depois começou a gabar-se do carro, do emprego, das garotas, e isso foi a parte que eu entendi.

Então, já cansado de ouvir e num impulso bilíngue, consegui convencer o rapaz que Ceará era um grande comprador de diamantes do Brasil e que iria instalar um escritório na casa onde morávamos. É claro que somente sob o efeito da bebida alguém acreditaria naquela história. E nosso novo amigo acreditou. E ficou muito empolgado. Como nos disse que trabalhava em um banco da cidade, devia ter visto naquilo alguma oportunidade para sua carreira.

Já gritou para outros amigos e logo se formou uma roda ao nosso redor. As bebidas começaram a vir aos montes. Ceará olhava pra mim e ria sem entender nada. Na primeira oportunidade ele se aproximou e quis saber o que eu tinha falado, e não gostou de saber que agora era um todo poderoso comprador de diamantes.

Várias horas mais tarde, já no fim da festa, nosso amigo animadinho insistiu para que fôssemos com ele para algum lugar, que não entendemos onde era, mas mesmo assim, já animados também, aceitamos.

Com orgulho o jovem nos mostrou seu carro, do qual tinha falado. Era um esportivo vermelho e possante. Entramos e o rapaz saiu acelerando pelas ruas de Georgetown (Lembre-se, se beber não dirija).

Fomos parar em uma casa noturna chamada PalmCourt. A mais animada de Georgetown, segundo nosso amigo. E realmente o local estava lotado. E foi lá no meio da confusão e aglomeração que nosso "Cicerone" nos apresentou um amigo. Um rastafári sorridente com dentes, anéis e correntes de ouro. O sorriso do rastafári sumiu assim que nosso amigo lhe disse que éramos brasileiros compradores de diamantes. Ele se aproximou de cara fechada e começou a gritar um monte de palavrões, revoltado conosco por que íamos levar as riquezas deles embora. Tratei logo de desfazer o mal-entendido e desmentir o que tinha dito, explicando que na verdade éramos apenas garimpeiros sem condições de causar impacto na economia local. A revolta foi ainda maior. Nem tentamos entender. Saímos pela tangente, à medida que o discurso do nosso amigo chamava mais atenção. Abandonamos o PalmCourt, mas confesso que gostei do local. Dos frequentadores, nem tanto.

Se lembrasse de algo, eu poderia uma opinião mais apurada sobre isso, mas só me vem à memória as luzes piscando freneticamente e os chips de banana que comi, e estes que só lembro por ter vomitado e estarem no chão no dia seguinte, ao lado do colchão onde dormia.Ceará disse que visitamos vários outros lugares naquela noite. Mas confesso que não me lembro de mais nada. E nosso alegre "cicerone", não o vimos mais, infelizmente. Acho que ouviu minha explicação ao rastafári.

4. UM JANTAR INUSITADO

Com frequência éramos visitados por Romie, a corretora de origem indiana e sua amiga, Jakeline, a tradutora.

Numa dessas visitas, Romie me convidou para jantar em sua casa. Eu fiquei com receio. Chamei o Ceará que disse logo que não iria a lugar nenhum por alguns dias. Compreensível depois da última aventura por Georgetown.

Enchi-me de coragem e aceitei o convite. Data e hora marcadas, ela apareceu com seu Corolla 1990 branco para me buscar.

A casa de Romie era um sobrado de madeira, arquitetura em estilo europeu, um tanto quanto antigo. Subimos as escadas e na porta ela apontou para o chão mostrando vários calçados. Só entendi a mensagem quando ela tirou os sapatos e entrou. Tirei meus tênis e a segui.

A casa tinha uma iluminação exótica e um cheiro de incenso pelo ar. Logo ao lado da porta de entrada, havia num canto um tapete e um exemplar do alcorão sobre uma prateleira de metal. Romie ia descrevendo tudo, eu balançava a cabeça sorrindo, mas claro, não entendia nada.

Entramos na cozinha e nos deparamos com uma enorme mesa, com várias pessoas. Dois rapazes de uns dois metros de altura se levantaram e se aproximaram com cara de poucos amigos. Pensei em desistir, mas não saberia dar uma explicação razoável e sair correndo estava descartado, já que me perderia pela cidade.

Romie sorriu e apresentou os grandalhões. Eram seus filhos. Eu não consegui disfarçar o constrangimento. O que pensaram sobre sua mãe levar um estranho jovem e branquelo para jantar em casa? Os dois por fim, foram muito educados. Assim como os pais de Romie, os tios e a avó que também estavam presentes.

Sentei-me à mesa, que estava farta. Olhei os pratos servidos e não identifiquei nenhum. Romie apontava cada um deles e perguntava se queria. Com minha barriga vazia e minha ingenuidade cheia, aceitei todos.

Tinha uma espécie de pão árabe com um purê e legumes que se comia com as mãos. Este logo me lembrou do famoso Rotie (Um pão acompanhado de legumes, purê e carne de frango com bastante massala, um tempero indiano e claro, muita pimenta) comida muito presente na culinária do Suriname.

Eu me esforcei para comer toda a montanha de comida do meu prato. Era deliciosa, mas muito, muito apimentada. Todos comiam com muita naturalidade e logo me tornei a atração da noite. Falavam sobre mim, algum tempo em inglês, outro tempo em algum dialeto indiano, eu acho. Todos riam e olhavam pra mim. Eu ria e engolia a pimenta, digo comida, com vários goles de água.

O jantar acabou e insisti para que Romie me levasse pra casa, explicando que tinha medo que Ceará saísse e se perdesse pela cidade, essa era a desculpa, mas meu estômago revirava com o efeito das pimentas. E eu que achava que tinha me acostumado.

Romie parou o carro em frente ao portão, agradeci o jantar saí correndo, desesperado por um banheiro.

Foram horas difíceis, a pimenta queimava por todos os lados. Daquele dia em diante, decorei como pedir comida sem pimenta. Uma grande lição de sobrevivência na Guiana.

5. DIA DE EXAMES

Quase dois meses se passaram e estávamos cada dia mais gordos. Comer e dormir era o que fazíamos. Nosso único exercício era subir e descer as escadas da casa. A nossa espera, era pela liberação de nossos documentos ou "work permit", que era a permissão para trabalhar como "miners", também conhecido como garimpeiros.

Fomos avisados por Jorge que no dia seguinte teríamos que fazer exames, como exigência para conseguir a documentação. Seriam exames de sangue, urina e fezes. Jorge nos entregou um pacote, onde estavam os potes para coleta. No fim do dia, resolvi conferir os famigerados potinhos e vi que só havia três, e precisávamos de quatro. Não conseguimos falar com Jorge e sequer sabíamos onde havia uma farmácia. Ceará então se lembrou que havia uma pequena sorveteria próximo de nossa casa .

- Mas o que isso tem a ver com exames, Ceará? - Perguntei. Ele me olhou e disse que me explicaria no local. Já havia anoitecido e saímos em direção à sorveteria. Chegamos e Ceará foi até um freezer que havia no local e tirou de dentro um pote de sorvete, desses redondos e transparentes. Ele me mostrou e caiu na risada. Eu balancei a cabeça em reprovação. Mas era a única alternativa. Perguntar por uma farmácia sem saber como e depois explicar o que queríamos comprar, seria sem dúvida um desafio e tanto. Levamos o potinho de sorvete. Ceará inclusive já foi tomando o sorvete pelo caminho mesmo.

Depois de tomar o sorvete, Ceará lavou muito bem o pote e o preparou para o dia seguinte.

Amanheceu e cada um de nós foi ao banheiro fazer a "coleta". Jorge chegou e nos levou ao laboratório, que estava lotado. E fazia muito calor naquele dia. Na sala de espera não havia ar condicionado. Jorge conversou com a atendente e realizou nosso cadastro. Enquanto esperávamos, ele se virou pra mim e cochichou:

- Este lugar está fedendo, mano véio.

Olhei para os lados, inspirei fundo e senti realmente um fedor invadir minhas narinas. Conforme esperávamos o calor aumentava e o fedor também. Na verdade parecia que o mau cheiro estava debaixo dos nossos narizes. Jorge levantou a sola do sapato e olhou se havia pisado em algo. Alguns minutos depois ele não aguentou mais a espera e foi reclamar com atendente. A reclamação surtiu efeito e logo nos chamaram para entregar as amostras e coletar o sangue.

Ceará abriu a sacola onde estavam seus potes e o fedor invadiu o local de vez. Todos no recinto viraram a cara e taparam o nariz. Ceará colocou seu pote de sorvete sobre o balcão e Jorge caiu na risada. O pote estava "estufado" de tanto cocô. A atendente ameaçou vomitar e levou um lenço ao nariz. Olhou o pote de sorvete e xingou o velho garimpeiro. Jorge não conseguia parar de rir. A mulher rapidamente apanhou aquelas amostras e correu para o setor onde eram feitos os exames. Tudo foi muito rápido. Logo nos despacharam.

E assim, numa tática involuntária, mas brilhante, o cocô do Ceará foi responsável pela rapidez no nosso atendimento. E descobrimos que o pote de sorvete realmente não servia para aquela função.

6. MISTER ROLLAND HAMILTON

Senhor Rolland Hamilton

Chegou o dia de conhecermos Mister Rolland Hamilton, o dono da concessão das terras onde iríamos trabalhar. Sua casa era em um bairro simples nos arredores de Georgetown. Eu observava a paisagem enquanto passávamos pelo centro de Georgetown, com suas avenidas charmosas recortadas pelos canais de escoamento. O palácio presidencial, a prefeitura e a St. George's Cathedral, catedral de São Jorge, em português, construída em madeira atinge mais de quarenta metros de altura, uma belíssima obra da arquitetura.

Quando chegamos, Mister Rolland já nos esperava na varanda da casa, sentado em uma velha cadeira de balanço. Assim que o carro parou, ele já esticou o pescoço, curioso. Fomos eu, meu tio e o velho Ceará, Jorge nos acompanhou como tradutor.

Ao entrarmos, foi nítido o olhar de desconfiança de Mr. Rolland. Natural, claro, se considerarmos que ele era descendente de escravos, devia ter uns setenta e poucos anos e nós, éramos quatro homens brancos, estrangeiros, com um punhado de papéis nas mãos para que assinasse.

Mister Rolland não conversava muito, com seus óculos redondos na ponta do nariz, ele leu os papéis e sem pressa assinou um a um, em silêncio.

Naquele olhar, pareciam morar muitas histórias de sofrimento. A escravidão, sempre presente na colonização dos países na América, marca a alma daqueles que a vivenciaram, seja em memórias ou histórias de antepassados. Era evidente, que naquele momento, algumas dessas histórias pareciam ter surgido na memória de Mister Rolland. A desconfiança no olhar, se mostrava em cada palavra que meu tio falava e que Jorge traduzia. Aos poucos, a conversa ficou menos tensa e Mister Rolland foi se soltando. Depois de explicarmos que, obtendo resultados, a intenção era investir mais na área.

Fui apresentado como o novo gerente da máquina no Perenong. Mister Rolland me deu uma olhada rápida e comentou:

- É um garoto!

Eu apenas sorri, recebendo como um elogio, mas obviamente, ele se referia a mim como alguém com pouca experiência.

Jorge também apresentou o Ceará como um dos trabalhadores da máquina.

- Ho! Este não é um garoto, deve ter experiência para encontrar diamantes - Disse rindo. Obviamente nem desconfiava que éramos iniciantes no garimpo de diamantes.

Percebi ali que não seria fácil conquistar a confiança do velho Rolland, pela minha idade, cor e pela desconfiança que ele tinha com estrangeiros.

Com os papéis assinados, nos despedimos e seguimos rumo aos departamentos do governo onde tiraríamos nossas permissões de trabalho. Estávamos oficialmente liberados para trabalhar no Perenong, que era como se chamava nossa concessão, em referência ao rio Perenong, que cortava o local.

7. STABROEK MARKET

Dias depois, munidos dos nossos documentos, era a hora de se preparar para ir ao garimpo. Fomos então às compras. Precisávamos de roupas apropriadas, calçados, rede de dormir e alimentos. O local onde encontraríamos tudo isso se chamava Stabroek Market, o maior e mais movimentado mercado da Guiana. Aliás, acho que o lugar mais movimentado de toda a Guiana.

Sua enorme estrutura de ferro e aço, construída às margens do rio Demerara (Sim, foi daí que surgiu o nome do açúcar, o Demerara), era composta por lojas de todos os tipos, carnes, legumes, roupas, eletrônicos, joias, especiarias, enfim, tudo que se imaginar e um pouco além.

Ali, guiados por Jorge, compramos nossas roupas, nossas botas de borracha, que são obrigatórias nos 'barrancos' de garimpo. Além de chapéus, bonés e mantimentos em geral.

Era no Stabroek, que também compraríamos a carne. Jorge conhecia um açougueiro que atendia os brasileiros. Já tinha se adaptado ao gosto tupiniquim e falava um pouco nosso idioma.

A carne era preparada em um balde. Quando soube disso, lembrei-me dos baldes em conserva que comíamos no Suriname. Eram baldes com rabo de porco e asas de peru em conserva.

Os baldes de carne comprados no Stabroek eram preparados alternando camadas de carne e sal. Como não havia geladeiras no meio da selva. Essa era a opção para conservá-la.

O açougueiro, muito simpático, já cumprimentava seus clientes com um sonoro "bom dia" em português. O avental branco todo ensanguentado e o facão "rabo de galo" na mão denunciavam sua falta de intimidade com a higiene.

Jorge ia apontando as carnes, penduradas em ganchos sobre o balcão de azulejos, que um dia foram brancos. O açougueiro ia jogando os pedaços sobre uma enorme tábua de madeira, onde antes ele passava um pano para dar aquela limpada providencial. O velho facão tinia no ar e cortava os pedaços de carne, que imediatamente eram derrubados no balde. Eu tranquilizava meus pensamentos, dizendo pra mim mesmo que nada poderia sobreviver em meio a todo aquele sal que era jogado no balde. O risco de uma bactéria sobreviver ali era quase zero.

Jorge dava uma aula para o velho Ceará sobre a história do mercado, apontando para a enorme estrutura de metal, enquanto eu não tirava os olhos do nosso amigo açougueiro. No mesmo açougue, havia alguns pedaços de carne de porco jogados sobre o balcão, uma barata enorme resolveu aparecer por ali, passeando sobre os pedaços de pernil e paleta suínos. Eu a vi primeiro, nosso amigo açougueiro logo a viu também e numa reação suscetível a qualquer ser humano, desferiu um golpe certeiro com seu "rabo de galo", esmagando a barata sobre a carne de porco. Com a mesma rapidez do golpe, ele raspou os restos do bicho com o facão jogando no chão do lado de dentro do balcão.

Ele me encarou e disfarcei imediatamente. Jorge se aproximou e perguntou: "Vai querer levar uma carninha de porco também, mano véio?" Eu olhei para o pernil e o açougueiro, ao seu lado, limpando o facão no avental e respondi:

- Acho que porco não vai ficar muito bom no sal, deixa pra lá.

Aquela altura já tinha dúvidas se o sal daria conta de tudo mesmo. Finalizamos nossas compras e enquanto deixávamos o mercado eu considerava virar vegetariano.

8. A VIAGEM PARA O GARIMPO

Era hora da partida. Depois de muitos dias ociosos na cidade, aguardando nossa documentação, enfim estávamos com as malas prontas para a partida.

Meu tio havia chegado do Suriname e estava conosco. Saímos de madrugada de Georgetown em uma van. Pela estrada fomos até Parika, uma cidade portuária a 43 km da capital, que serve como ponto de partida para vários brasileiros em direção aos garimpos da região.

Chegamos ao porto ainda de madrugada. Dali seguimos em uma embarcação chamada de JetBoat, uma lancha com propulsão a jato. Como uma moto aquática, só que bem maior, com vários lugares. Seus dois motores jogavam um potente jato de água na traseira que fazia a lancha se movimentar como um foguetinho. Ideal para rios com muitas corredeiras.

Depois da partida, ainda fizemos uma parada em Bartica, cidade situada às margens do rio Essequibo e perto do deságue dos seus afluentes, rio Cuyuni e rio Mazaruni. Este último seria nosso trajeto.

A natureza da região é exuberante. As corredeiras do rio Mazaruni são obstáculos ferozes ao trânsito no rio. Mas a adaptação do homem com o Jetboat é excepcional. É como o "ônibus" deles. Um passeio cheio de emoção, com suas curvas fechadas, correnteza forte, ilhas e pedreiras, o Mazaruni é um espetáculo da natureza. É uma aventura radical subir o rio com o JetBoat.

Fizemos uma parada em um vilarejo no meio do caminho, que não lembro o nome, onde almoçamos. Lá um guarda, sentado à mesa na beira do rio, checou nossos documentos, passaportes e permissão de trabalho. É claro que na minha vez, teve uma série de perguntas. Se era inglês, holandes ou francês. Apresentei meu passsaporte e isso supreendeu o guarda, pois não estava acostumado com brasileiros branquelos e de olhos claros. Sem maiores problemas, nos liberou após checar quatro ou cinco vezes nossos documentos.

À tarde chegamos a nosso destino. Uma vila no meio da selva guianense chamada Kurupung.

9. PERENONG FINALMENTE

M eu tio era um homem muito conhecido no Suriname. Tinha ajudado muita gente, como mencionei no início desta história.

Quando começamos a andar pelo Kurupung, não demorou a aparecer conhecidos que o reconheciam e vinham correndo cumprimentá-lo.

E sabíamos que aqueles conhecidos seriam fundamentais, pois nossos recursos eram limitados. Porém, mesmo tendo muitos amigos e boas relações, quase todos desconversaram quanto falamos que nosso destino era o Perenong. E aquilo já não me cheirava bem.

Um homem chamado João nos esperava na vila. Ele tinha trabalhado na região nos últimos meses, na máquina que meu tio havia assumido. João iria com a gente até o Perenong, onde a máquina estava.

João nos ajudou a conseguir mais dois trabalhadores para nosso garimpo. Dois ameríndios, como são chamados os índios das regiões da Guiana. Não me lembro dos seus nomes. Eram dois homens baixos e fortes, cabelos compridos e usavam bermudas e camisetas. Não eram de falar muito.

Já era fim do dia, finalmente, depois de combinarmos com dois amigos de meu tio para nos levar de quadriciclo até a área do garimpo, nos hospedamos numa velha casa de madeira, uma hospedagem improvisada de um conhecido do meu tio.

Ali armamos nossas redes e passamos a noite. Dormir foi um pouco complicado, já que era uma noite quente e o local infestado por mosquitos.

De madrugada ainda, saímos em direção ao Perenong. Nossa viagem foi na garupa dos valentes quadriciclos. Versão moderna dos antigos "giricos" usados nos garimpos. A viagem durou mais ou menos três horas. Em certos momentos, em descidas e subidas muito íngremes, tínhamos que descer dos veículos.

Em minha cabeça, quanto mais andávamos, mais me preocupava. Pois toda ida, requer uma volta, em algum momento. Àquela distância da vila, como teríamos transporte? Não queria ser pessimista e tentei me animar vendo as paisagens que mudavam ao longo do caminho. Floresta, montes de cascalho e terras reviradas, mais floresta, mais terra revirada e finalmente floresta com um estreito caminho por onde passamos.

Enfim, chegamos ao famoso e nada querido Perenong. Para onde se olhava se via selva. No horizonte, ao longe, se via um paredão, uma montanha rochosa, característico da região, tão alto que seu cume sumia em meio às nuvens.

Descarregamos os mantimentos no acampamento que já existia, pois outros malucos já tinham passado por ali. A cozinha era separada do resto do acampamento, próxima a um córrego de águas escuras e frias. Tinha um fogão a lenha, feito de barro e um "jirau", estrutura de madeira que servia como pia para lavar louças.

O dormitório era ao lado, dentro da mata, uma estrutura de troncos coberta por uma lona plástica. Um local tranquilo que não aparentava o inferno que realmente era.

Ao chegar, todos se apressaram em escolher seus lugares no "barraco". Um bom lugar para armar a rede era importante para todo garimpeiro que se preze.

Mantimentos descarregados, era hora de avaliar os equipamentos e o local onde iríamos trabalhar.

A máquina era uma draga de cinco polegadas. Tinha dois motores e uma resumidora, uma espécie de peneira dupla, onde ficavam armazenados os diamantes sugados pela draga.

Confesso que fiquei um pouco desanimado ao ver um dos motores, um Perkins com cinco cilindros. Ficava na beira do córrego e alimentava os dois bicos jato, como eram chamadas as mangueiras pressurizadas que jogavam a água no barranco. A ignição do motor era feita com uma corda, que era enrolada no seu volante de acoplagem e puxada por, no mínimo, três pessoas. Imagine fazer isso às cinco horas da manhã, por várias vezes e entenderá meu desânimo.

Os buracos feitos no chão para extração do ouro, chamados de barranco, eram intercalados por uma faixa de terra que era deixada intacta, como forma de separar e proteger o próximo barranco de um alagamento, por exemplo. Essa faixa de terra era chamada de "dama" pelos garimpeiros.

Essa "dama" deixada, supostamente, para trás era nosso alvo. Teríamos que sugar várias toneladas de rejeito do antigo barranco para ter acesso a ela. Seriam muitas horas de dragagem. Era uma "aposta", para levantar dinheiro rápido e investir em melhorias na máquina.

Recolhemo-nos e coube a mim a missão de fazer o jantar. Confesso que se deve ter um talento especial para cozinhar no fogão a lenha. Acender e manter a temperatura certa exige isso. Naquele local tão isolado não havia nada para fazer após o jantar, a não ser jogar um pouco de conversa fora e depois... cama...digo rede.

No dia seguinte, começaríamos.

10. LIGUEM OS MOTORES

No dia seguinte, meu tio me acordou. Assustado, balançava minha rede freneticamente. Em meio a um tipo de "uivo" eu tentava ouvir o que ele me dizia. Coloquei os pés no chão tateando, à procura dos meus chinelos. Ceará, de lanterna acesa, riu dizendo:

- Os bugio assustaro seu tio.

- São os bugios? - Perguntou meu tio, criando coragem e saindo do barraco e apontando sua lanterna para o alto das árvores.

- Cuidado! - Gritou Ceará - Essas peste cagam na sua cabeça.

Quase que imediatamente começamos a ouvir estrondos no meio da mata ao lado do barraco. Era uma "cagada" coletiva de bugios. E isso foi nosso despertador naquele dia.

Era madrugada quando nos levantamos e saímos em direção ao barranco.

A primeira parada era na beira do córrego onde estava o motor perkins. Enrolamos a corda para a primeira puxada, com os dedos duros ainda, pelo frio matutino. Um dos ameríndios gritou:

-Ready?(Pronto?).

Ceará me olhou e eu dei com os ombros sem entender. Então contei, em português, 1,2,3 e... Nada.

Nossa puxada foi desordenada e nem sinal de partida. Então expliquei a todos como seria e que contaria em português.

Nova tentativa e nada. Percebi que a comunicação ali poderia ser um problema. Enrolei a corda outra vez e nos preparamos.

-Start the engine, men! (liguem os motores, homens!) - gritou um dos ameríndios.

Puxamos desta vez, em total sincronia, o escapamento cuspiu várias lufadas de fumaça preta e o ronco do perkão ecoou pela floresta. As mangueiras se encheram de água. Enfim tínhamos água para começar.

Hora de ligar a resumidora. A peneira tinha um motorzinho que fazia movimentar suas duas telas de um lado para outro. Confiante, segurei a fieira e puxei. Nada. Tentei outra vez e nada. Um dos ameríndios balbuciou algo que não entendi. O outro riu.

Ceará tentou. Depois João que já conhecia a máquina. Depois os ameríndios, Meu tio. Todos, como se fosse um jeito de puxar ou questão de sorte o motorzinho funcionar. Na verdade, seria sorte mesmo. Foram várias horas tentando, até chegar à conclusão de que precisaríamos de um mecânico.

Várias horas de distância da vila. Sem comunicação. João sugeriu que fossemos até um acampamento de outros garimpeiros a uma duas horas dali, procurar ajuda. E assim saímos, eu, meu tio e João em busca desse acampamento.

Chegamos ao acampamento dos vizinhos depois de uma bela caminhada. E pra variar, meu tio conhecia os donos do local.

Usamos o rádio e conseguimos contatar um mecânico que estava na vila Kurupung. Um motoqueiro o traria até nosso acampamento. Decidimos ali, que não poderíamos viver no Perenong sem um rádio. Meu tio aproveitou a comunicação e mandou vir um da cidade.

Missão cumprida, aproveitamos a hospitalidade e almoçamos no local. Nossa digestão foi uma caminhada de duas horas até nosso acampamento.

No dia seguinte, lá pelas nove horas, ouvimos o ronco do quadriciclo rompendo o silêncio do Perenong.

O mecânico, chamado Pedro, desceu da moto, já reclamando da longa distância e dos sacolejos do caminho. Cumprimentou todos e pediu um café, sentou e tomou calmamente, diante dos nossos olhares impacientes. Depois perguntou onde estava o motor e subiu na moto novamente, partindo em direção ao barranco.

Enquanto abria o motor, Pedro já comentava que provavelmente teria que "fazer" o motorzinho inteiro. Meu tio fez uma cara de desânimo. Pedro tentou tranquilizá-lo dizendo que na vila tinha o kit completo para vender, "como se a vila fosse logo ali", pensei.

Então meu tio pediu ao motoqueiro, Raimundo, que fosse buscar o kit. Pedro queria voltar no dia seguinte com o kit, mas meu tio acabou convencendo-o a esperar por ali mesmo. Então

Raimundo partiu acelerado rumo ao Kurupung. Pedro tratou de deixar tudo preparado para quando as peças chegassem. Abriu a maleta e tirou sua garrafinha de pinga, cada parafuso afrouxado era um gole.

À tarde, quando Raimundo voltou, Pedro já estava meio grogue, mas incrivelmente, trabalhava mais rápido do que antes. No fim do dia, já escurecendo, finalmente o pequeno motor funcionou. Meu tio convenceu Pedro e Raimundo a dormirem no acampamento, afinal teríamos que ver o motorzinho funcionando durante o trabalho. Pedro só concordou mediante um acréscimo no pagamento, como era fiado, tudo ficou combinado.

No dia seguinte, pulamos cedo, inclusive Pedro, o mecânico. Acho que não queria passar outra noite no Perenong. Iniciamos os trabalhos e no meio da manhã, Raimundo motoqueiro e Pedro mecânico, estavam prontos para partir. Meu tio lembrou que o rádio viria da cidade no avião da tarde, então coube a mim a missão de ir buscá-lo sabendo que teria carona para ir, mas não para voltar. E assim partimos, eu, Raimundo motoqueiro e Pedro mecânico, todos engarupados no quadriciclo em direção ao Kurupung.

Quando se está em um lugar como o Perenong, conta muito ter amigos e conhecidos. Pois providenciar tudo, sem desembolsar nem um centavo ou grama de ouro seria difícil para um desconhecido. Dessa forma com sua influência, meu tio conseguiu providenciar o mecânico e as peças e o frete com o quadriciclo.

11. O MEDO FAZ COISAS

Kurupung era uma vila bem pacata, tinha mercearias, delegacia, posto de saúde, bares e um pequeno aeroporto. E ali estava eu, sentado num banco em frente ao local onde se faziam os embarques e desembarques. Já eram quase quatro horas e o voo tinha atrasado.

Eu estava sem dinheiro algum e ao contrário do meu tio, não conhecia ninguém ali. A vila tinha um pequeno hotel que pertencia a um nativo. A chance de conseguir um quarto era zero. A barriga já roncava. De repente o ronco aumentou e fiquei assustado até perceber que era o motor do avião se aproximando. Ele mal aterrissou e corri até o cara das encomendas, que já me fez um sinal com a mão. "Wait" (Espere) ele disse, bem ríspido.

A espera ainda foi de uma hora. Com o rádio nas mãos, olhei o relógio na parede. Olhei o horizonte, o sol já ia sumindo em meio às árvores. Não pensei mais em nada (pois se pensasse não teria ido, eram cinco horas de caminhada) sai andando rapidamente com o rádio nas costas.

Aos poucos, conforme ia adentrando a floresta e ia escurecendo percebia que tinha sido um erro. Não tinha feito aquele caminho a pé nenhuma vez. Tentei me concentrar nas paisagens e andei a passos largos.

Passei pela porção de mata fechada logo depois da vila, depois pelos campos abertos pela mineração. Uma grande clareira cheia de buracos e uma areia muito clara que fazia arder os olhos. Quando me aproximei da última parte do caminho, que era de mata fechada, já era noite. Antes da mata tinha uma encruzilhada. Eram dois caminhos e isso eu não sabia. Não tinha sequer uma lanterna. Imediatamente me veio à memória a imagem de uma onça pintada. Respirei fundo e pensei: "Meu fim não será esse. Devorado por uma onça no meio de um lugar chamado Perenong. Não. Não será." Não sei por que pensei nisso, mas escolhi um caminho e continuei a caminhada.

Ao invés da mata ficar mais fechada, como era no Perenong, a mata foi dando lugar a um enorme espaço aberto, cheio de "barrancos" de garimpo. Então percebi que tinha tomado o caminho errado. Parei e olhei ao redor e vi uma luz perto de uma mata. Aproximei-me e vi que era um acampamento de garimpo.

Aquilo já me fez perceber que tinha realmente escolhido o caminho errado. Pensei em voltar, mas a fome e o cansaço (Leia-se medo mesmo) me fizeram ir até aquele acampamento. Fui chegando com cautela. De longe já gritei:

-Boa noite!

Alguns pularam da rede, outros nem se mexeram. Um deles se adiantou e saiu do lado de fora.

- Boa noite – Disse por trás da luz da lanterna.

- Eu tô indo para o Perenong, saí meio tarde da vila. Perdi-me no caminho, não tenho nem uma lanterna. - disparei.

O homem meio mal encarado meteu o facho da lanterna na minha cara. Depois apontou a lanterna em direção ao caminho correto e disse:

- O Perenong é por ali.

Olhei para as panelas em cima do jirau e meu estômago reclamou.

- Tá bem escuro hoje. É a primeira vez que passo por esse caminho a pé. Bem fácil de se perder nessa mata né?

O homem balançou a cabeça concordando comigo e não falou mais nada.

Diante da recepção nada amistosa, resolvi seguir meu caminho. "Tomara que as onças não estejam com a mesma fome que eu". Agradeci e sai andando. Me perguntava onde estava a empatia daquele homem. Nem ofereceu comida, nem água, nem pouso? Nem a lanterna emprestada?

Entrei na última etapa do caminho e confesso que a percorri com arrepios. Dentro da mata fechada, o menor barulho parece um estrondo. Eu ouvi o esturro da onça, ouvi seus passos e até mesmo a vi, em meio as folhagens me espreitando, pronta pra dar o bote. Tudo isso, claro, saiu da minha imaginação e me fez andar bem mais rápido que o normal.

Ao final, cheguei ao Perenong e todos já estavam deitados

na rede. Alguns nem viram minha chegada, já dormiam profundamente.

Quando perguntei a hora, duvidei da resposta. O caminho que demorava cinco horas para ser feito a pé, eu tinha feito em apenas três horas.

No dia seguinte, quando nos dirigíamos ao barranco para trabalhar, os dois ameríndios, seguiam atrás de mim, um deles cantarolava "Tell me why" do Backstreet boys, enquanto o outro falou:

- O garoto branco disse que veio do Kurupung aqui em três horas? Não acredito.

O outro riu. Eu ri também e fiquei feliz por ter entendido o que conversavam. Queria dizer a ele, mas não sabia como, " É meu amigo, o medo faz coisas".

12. A MALÁRIA

Alguns dias depois, me senti mal. Febre e muita dor no corpo. Vômitos, dor de cabeça. Comecei a ficar o tempo todo deitado. Logo cheguei à conclusão que estava com malária.

Comer era difícil, já que não tínhamos cozinheira e as refeições eram preparadas por nós mesmos. Isso significava muita comida ruim.

Como o macarrão preparado pelo meu tio, que usou óleo diesel para acender o fogo, claro que o gosto do óleo foi todo para o macarrão. Isso me rendeu mais algumas horas vomitando.

Eu deitava no meio do mato, em cima dos capins, no chão, para me esticar, pois na rede a dor nas costas era insuportável. O corpo doía muito. Passava o dia no acampamento, enquanto o resto da equipe trabalhava na tal "dama" rica.

Fui até a vila, onde fiz o exame, a "lâmina" como chamam os garimpeiros, em referência ao tipo do exame, onde se faz um furo na ponta do dedo e se esfrega o sangue sobre uma lâmina para exames de laboratório.

O resultado apontou a malária causada pelo Plasmodium Falciparum, justamente o mais agressivo, que pode causar uma grave anemia. Junte a isso uma péssima alimentação e minha piora foi rápida. Sem contar com as reações de alguns medicamentos fornecidos que eram fortíssimas.

Já havia pegado malária antes, no Mato Grosso, supostamente

em uma pescaria no rio Teles Pires, quando morava em Sorriso, com meu pai.

Daquela vez já tinha sentido os fortes efeitos da doença, mas não imaginava que ela marcaria um capítulo dificílimo da minha história.

A saúde deve vir em primeiro lugar. Sem uma boa saúde todo o resto em nossa vida é afetado. Nossos planos financeiros, metas, objetivos ficam em segundo plano, querendo ou não.

Sem uma boa saúde não temos forças para lutar por nossos objetivos. Eu aprendi isso da pior maneira. Eu insisti em não dar atenção a minha saúde quando deveria e isso me traz consequências até hoje.

Sabia que estava muito mal. Os dias eram de sofrimento. Sem o tratamento necessário, sem uma nutrição adequada, minha saúde foi definhando cada vez mais.

Aquela região da Guiana era conhecida por ter uma grande incidência de malária e febre tifóide, uma doença terrível que, se não tratada, mata em poucos dias. Muitas foram as notícias de brasileiros que morreram na região vítimas da doença. O tifo, chamado lá de tyfhus e abrasileirado para "taifai", tem tratamento. Mas, por várias vezes, era confundida com malária e muitos brasileiros, acostumados com a doença, faziam seu tratamento no garimpo mesmo. Geralmente quando pioravam, era tarde demais.

Diante das notícias, eu ainda pensava ser alguém com sorte.

"Ainda bem que não é Taifai" - Pensava com um otimismo sem noção.

Os quilos extras que tinha ganhado nos dias que fiquei na cidade, estavam se esvaindo rapidamente.

"Pelo menos algo de bom nessa doença". Pensamento positivo? Que nada. Apenas ingenuidade mesmo.

A malária me dava uma "surra" e eu só pensava no barranco rico. Pois nosso plano era vender os diamantes e ir para a cidade, onde eu faria um tratamento adequado.

Eu me deitava no capim fresco, próximo ao córrego e gemia de dor, olhando para as copas das árvores, imagem que guardo na memória até hoje, confiante de que logo estaríamos na cidade "cheios da grana".

13. A DAMA RICA

Mesmo perdido nos meus devaneios durante a febre da malária, deitado no chão, eu percebia que a equipe estava confiante na "dama rica" e a cada dia que se passava, se aproximava do dia da "despesca", como chamavam a retirada dos diamantes das peneiras da resumidora.

Isso me aliviava, logo estaria na cidade, me recuperando e voltando com força total ao trabalho.

Às vezes levantava, meio cambaleante e ia até o barranco onde estavam minerando. Sentava no monte de terra na beirada e ficava observando. No garimpo, geralmente, se um dos trabalhadores está doente e não consegue ajudar, têm a solidariedade dos colegas e recebe mesmo assim a sua parte da comissão, desde que não tenha sido substituído. Nesse caso, às vezes, racha a comissão com quem ocupou sua vaga temporariamente.

O sentimento de querer estar participando do trabalho não pode ser substituído. Eu olhava a montanha de terra sendo lavada e a vontade era pular dentro do barranco. Parecia-me que se não colocasse os pés na lama não mereceria a recompensa que viria. Logo a febre chegava e me fazia desistir de qualquer pretensão de trabalhar.

Eu ia até o córrego das águas frias e me deitava, ficando apenas com a cabeça fora d'água, esperando a febre baixar.

Na hora da merenda, Ceará vinha todo molhado e sujo de lama, mas sempre sorridente.

- E aí Ceará, vamos bamburrar? - Eu perguntava animado.

O velho Ceará balançava a cabeça e respondia sério.

- Rapais, não sei não hein. Eu não vi todo o cascalho que o João falou que tinha lá. E esse tal de diamante é bicho doido, a gente não vê nada. Não é igual ouro que dá umas "cuiada" e sabe se tem mesmo.

- Desencana Ceará. A dama é rica. - Disse tentando demonstrar empolgação.

Ceará deu de ombros enquanto mastigava um pedaço de pão frito, pegou um café e se afastou.

As palavras do velho garimpeiro colocaram uma "pulga atrás da minha orelha". Estaríamos apostando nossas fichas, todas elas, num barranco "cego"? O garimpo de diamantes, para mim e para o Ceará era uma novidade. Tínhamos trabalhado apenas minerando ouro. Os dois eram diferentes, porém tinham algumas semelhanças. O cascalho, por exemplo, era uma delas. Tanto o ouro, como o diamante na região se acumulavam no cascalho, debaixo de uma camada de terra. Logo, como o Ceará falou que tinha pouco cascalho, a chance de ter pouco ou nenhum diamante era maior, isso não era uma regra, dependia da sorte também, claro.

Durante meu tempo no Perenong, ouvi várias histórias de

pessoas que enriqueceram minerando diamantes.

No caminho até o Perenong, na região onde a areia é branca de arder os olhos, tinha enormes barrancos de garimpo, onde diziam que um japonês havia ficado milionário extraindo diamantes.

Havia outra história de um garimpeiro que estava desistindo, após trabalhar em uma região que já havia sido trabalhada, muitos anos antes, provavelmente quando o país ainda pertencia à Inglaterra.

Este garimpeiro limpou todos os buracos antes trabalhados e não encontrou nada, quando se deparou com uma enorme pedra no fundo do barranco. Então contratou uma escavadeira para removê-la e numa pequena parte debaixo desta pedra, encontrou uma jazida de diamantes e enriqueceu.

Noutra história, um garimpeiro, que já vinha trabalhando há meses sem sucesso e sem condições, teve um problema na sua resumidora de diamantes. Sem dinheiro para pagar o conserto, resolveu limpar a máquina para tentar a sorte e ao menos pagar para poder voltar ao trabalho. Na limpeza da máquina encontrou uma pedra de muitos quilates e abandonou a máquina ali mesmo. Nunca mais foi visto.

Essas histórias sempre nos davam esperança e ânimo, mas a realidade que víamos, era de muita gente em condições precárias. Alguns passando necessidades mesmo.

Os que tinham sucesso, só conhecíamos nas histórias, os que fracassavam, nós víamos com nossos próprios olhos. Os garimpeiros de sucesso se tornavam lendas na região. Só o futuro nos diria se seríamos lendas ou cairíamos no esquecimento como mais um fracasso na região.

O dia de resumir os diamantes enfim chegou.

Animados, todos acordaram cedo. Ceará armou um acampamento na noite anterior e dormiu perto da resumidora, por garantia.

Mister Rolland Hamilton apareceu cedo com seu sorriso aberto reluzindo um dente de ouro. Ele sempre andava com sua espingarda numa mão e o facão em outra. Dessa forma, nunca apertava a mão de ninguém ao cumprimentar.

Tiramos o material da resumidora, e aos poucos ele era peneirado em outra peneira, redonda, dessas manuais. João fazia esse trabalho. Ia resumindo ainda mais o material da máquina, e por fim o virava sobre um pequeno pedaço de lona no chão. Aí começava a caçada ao diamante. João e Mister Rolland iam remexendo naquela pequena porção de cascalho enquanto todos ficavam atentos. Para alguém, como eu, que nunca havia visto um diamante "in natura", tudo parecia ser a tal pedra preciosa. Hoje em dia eu digo que, com a experiência que tive, quando não se conhece diamante, até um quartzo pode ser confundido, mas quando se vê um diamante de verdade, mesmo sem lapidar, na sua forma natural, não há dúvida, tamanha é sua beleza e brilho. Difere-se e se destaca muito das outras pedras.

Mister Rolland pegava uma pedra, olhava contra a luz e jogava fora. E assim foi por vários minutos. Até que o material da resumidora acabou.

Mister Rolland se levantou balançando a cabeça e murmurando algo que não compreendi.

Meu tio insistiu para João dar mais uma olhada e ele mesmo também revirou o cascalho. Mas sabíamos que se tivesse algo ali, já teria aparecido.

Para nossa decepção, tínhamos levado o primeiro golpe do Perenong, no garimpo de diamantes. A "dama rica", descobrimos, era pobre, era miserável. Não nos deu um diamante sequer.

E eu, aprenderia ali mais uma lição, frequentemente repetida no meio financeiro, "Não colocar todos os ovos na mesma cesta".

Apostamos tudo naquele local, mas a mãe natureza nos mostrou que não liga nem um pouco para nossos planos.

Ficamos arrasados. E lisos.

14. DE VOLTA À GEORGETOWN

Após o fracasso no primeiro barranco, a decisão foi pararmos a máquina, por um tempo.

Minha malária havia piorado. Estava muito mal. Iria para a cidade com meu tio. Ceará ficou no Perenong sozinho para cuidar dos equipamentos.

Cheios de desânimo, fomos ao Kurupung, pegar o voo até Georgetown.

Na vila, enquanto aguardávamos o avião, minha malária piorou. É impressionante como aquele tempo em que fiquei na vila, até chegar ao hospital na Capital, sumiu de minha memória, de tão mal que estava. A entrada no avião, a decolagem, a viagem pela paisagem exuberante da região e a chegada, no hospital, foram "apagados" da minha memória.

É como se tivesse desmaiado na vila e acordado em uma cama no hospital, com Jorge me contemplando, enquanto tomava medicamentos na veia.

Após um dia no hospital, voltei à casa na Barima Avenue. Ainda estava muito fraco.

Romie apareceu e se prontificou a me ajudar. Ela chegava cedo com o café da manhã. Levava medicamentos. Depois o almoço e o jantar.

Por várias vezes em minha vida, reflito e concluo que existem pessoas que parecem ser enviados por Deus. Sem explicação, sem retorno algum, sem pedir nada em troca, nos ajudam e se doam para resolver situações pelas quais estamos passando. Romie era uma pessoa assim.

Esse tipo de pessoa desperta um sentimento, que é um dos mais nobres no ser humano, em minha opinião, a Gratidão.

Tantas vezes que Romie me ajudou que eu pensava se um dia poderia retribuir aquilo de alguma forma. E ela não foi a única, como verão ainda neste livro.

A gratidão cria uma corrente fortíssima. Uma pessoa grata, irá sempre buscar de alguma maneira fazer o bem e ajudar outra, sempre que possível, e assim repassar esse sentimento.

Depois de uma semana na capital, eu estava bem melhor. Sentia minhas forças voltando ao normal.

Chegava a hora de voltar ao garimpo. Dessa vez, eu iria mais precavido.

Comprei medicamentos, vitaminas, repelentes, mosquiteiros, tudo o que podia para tentar prevenir, ou evitar uma recaída da malária.

Naquela ocasião, Jorge não pode me auxiliar com as compras, então me indicou um taxista guianense que era seu conhecido. Outra vez fui ao Stabroek Market. Lá tentei comprar a carne em balde em outro açougueiro, mas não encontrei nenhum que preparasse, tendo que me render ao açougueiro "matador de baratas" mesmo.

Compras feitas. Agendei a passagem de Jetboat para o dia

seguinte. Firme, forte e confiante para voltar ao trabalho.

15. A BRUXA DO RIO

No dia seguinte, de madrugada, eu estava outra vez em Parika, no cais onde pegaria o Jetboat. Sentado sobre o balde de carne, eu observava enquanto outros passageiros iam chegando ao local. Uma senhora, aparentemente Guianense, desceu de uma van, e sozinha, diante do olhar do motorista e de todos que estavam ali, descarregou várias caixas do veículo. Ninguém se moveu para ajudá-la, inclusive eu, que depois fiquei com remorso.

Quando o Jetboat encostou, me levantei e lhe ofereci ajuda para carregar tudo na embarcação. Ela me olhou com surpresa, mas aceitou minha oferta.

Coloquei suas coisas no bote e percebi que todos ali me olhavam. Sem entender, peguei minhas bagagens e entrei no Jetboat.

A mulher sentou logo atrás de mim, sozinha em uma fileira de bancos.

Do meu lado havia outro homem, um jovem ameríndio com uma mochila em seu colo.

Quando partimos, a velha senhora puxou conversa:

- Você é brasileiro, certo?

Eu confirmei e ela continuou falando, em inglês, claro. Vendo minha dificuldade em entender, o ameríndio ao meu lado se manifestou, falando em português.

- Você não entende né?

- Um pouco, ela fala meio rápido para mim...

- Eu vô tentá...ela fala que não vai achar aqui... o que tu procura.

- O quê? - disse eu, sem entender.

Atrás de mim a mulher continuava a falar, como se estivesse num transe

O ameríndio continuou tentando traduzir:

- Ela fala...que tu vai sofrer aqui. Que é...melhor ir embora.

Eu sorria. Tentando mostrar que não entendia nada, mas as palavras dela ficaram na minha cabeça. E aos poucos, eu passei a entender antes mesmo do ameríndio traduzir.

O tempo passou rápido e logo o Jetboat parou em um vilarejo às margens do rio, rodeado por uma densa floresta, onde a senhora desceu. Ela agradeceu e disse que eu não precisava ajudá-la novamente, foi pegando as caixas uma a uma e antes de sair ela ainda olhou em meus olhos e disse pausadamente:

- O Perenong não vai te dar nada.

Eu me arrepiei. Não tinha falado pra ninguém na embarcação que iria para o Perenong. Eu sorri e fingi não entender, mas tinha entendido perfeitamente as palavras dela. Obviamente um jovem que se achava cheio de coragem nem ligaria pra isso, e não liguei. Mas aquelas palavras ficaram martelando minha cabeça.

Quando o bote partiu, o ameríndio, vendo que fiquei

preocupado, sorriu e me indagou se eu sabia quem era ela.

Eu disse que nunca a tinha visto antes.

Ele girou o dedo indicador ao lado da cabeça insinuando que a mulher era louca.

- Ela fala...é...eu não sei como fala em português... witch (bruxa)...Ninguém qué fala com ela. Tem medo do que ela fala pra gente. – Disse o ameríndio num português sem concordância.

Virei para o lado e fiquei em silêncio. Segui o resto da viagem calado. Minha gentileza tinha me colocado de cara com uma bruxa? Não acreditava e nem acredito nisso, mas aquilo tinha me afetado. Já tinha conversado outra vez no Suriname, com uma mulher que se dizia bruxa, ela tinha feito uma previsão que eu seria milionário, algo que até hoje não se concretizou. Não levei a sério. Mas a bruxa do Mazaruni, sei lá, me deixou meio cabreiro. Sua previsão foi ruim.

À tarde chegamos ao Kurupung, enquanto eu descarregava minhas coisas na beira do rio, O ameríndio se aproximou e bateu no meu ombro.

- Don´t worry, boy (Não se preocupe, garoto) disse sorrindo. Depois saiu andando por uma trilha na margem até sumir da vista.

Peguei minhas coisas e corri para providenciar uma "moto" para me levar ao Perenong.

Logo, essa história da bruxa caiu no esquecimento.

16. O NOVO BARRANCO

Cheguei ao Perenong já anoitecia, Ceará estava deitado na rede, parecia até habituado àquela monotonia. Mas deixou transparecer certo alívio quando me viu.

Raimundo, o piloto do quadriciclo, nem bem colocou os pés no Perenong, já acelerou de volta.

A noite chegou. Ceará e eu, sentados ao redor da fogueira, conversamos sobre nossos planos para o garimpo. Decidimos olhar, pela manhã, duas áreas novas, dentro da concessão do Mister Rolland mesmo. Pois seria mais fácil realizarmos a mudança dos motores.

Quando amanheceu, Mister Rolland apareceu e quis nos acompanhar nas pesquisas.

Caminhávamos pela beira do último barranco, o da dama rica, que era cego, e percebi que nós três balançamos a cabeça, contrariados com o resultado. Uma moto se aproximou. Um homem, com roupa camuflada, e uma espingarda no colo, era o piloto. Na garupa da moto, uma moça, parecia ser bem jovem, agarrada ao piloto. Ele parou e nos cumprimentou falando em inglês.

- White Boy!(Garoto Branco) Ele me chamou. Mister Rolland não deu atenção e continuou andando.

Eu não entendi muito bem as palavras do homem, que falava com bastante sotaque guianense. Mas pelo quanto entendi, ele dizia que queria trabalhar nas terras onde Mister Rolland trabalhava. Eu apenas sorri, pois não sabia o que dizer, nem como fazê-lo. O homem acelerou a moto e quando passou por mister Rolland gritou-lhe algumas palavras. Mister Rolland se virou para nós e disse:

- Seu nome é Mike. Trabalha perto de mim - E girou o dedo ao redor da cabeça insinuando que o homem era louco.

Depois de andar algum tempo, cruzamos o córrego de águas escuras, num local onde era mais raso. Sua margem era coberta por um cascalho grosso, com muitas pedras de seixo em formato de "orelhas de macaco" como o Ceará as batizou. Ali a mata era fechada, e ficava a uns vinte minutos de onde estavam nossos motores.

O garimpo, assim como nossa vida, muitas vezes tem momentos em que nossa intuição nos diz algo. Eu gostei do local, fiquei animado, mas avaliando nossas possibilidades, seria bem difícil mudarmos para lá. A distância, as condições do terreno. Teríamos que contratar uma moto para o frete, abrir estradas, construir pontes, e não tínhamos nem dinheiro para pagar frete, nem mão de obra para isso. Então optamos por trabalhar numa área próxima ao Barranco cego da dama rica.

Essa área já havia sido trabalhada, muitos anos atrás, em garimpos manuais, provavelmente executados por escravos. Seria uma "repassagem", como era o termo usado pelos garimpeiros para áreas já exploradas. A esperança era pegar algum diamante que passou despercebido aos olhos dos garimpeiros antigos.

Mas antes disso eu precisava montar uma nova equipe, já que os ameríndios tinham ido embora e João tinha ido para outro garimpo. Então naquele momento a equipe era eu e o Ceará. Depois do almoço eu parti para o Kurupung naquela caminhada básica de 5 horas, para providenciar tudo o que precisávamos.

Àquela altura, a fama do nosso garimpo no Perenong já havia se espalhado pela vila. Montar uma equipe não seria nada fácil, já que nenhum garimpeiro experiente queria ir para lá. Então adotei apenas um critério para garimpeiros trabalharem na nossa equipe. E esse critério se resumia a querer. Isso mesmo. Bastava querer, que faria parte da equipe. Apesar de parecer simples, não foi fácil.

Alguns faziam cara feia. Outros riam e tiravam sarro.

Até que um rapaz, guianense, que se apresentou como "Rambo" aceitou a empreitada. Ele era jovem e parecia bem disposto. Logo conclui que talvez não fosse muito inteligente, mas não importava. E Rambo foi o único.

Eu não podia mais perder tempo na vila e decidi que começaríamos apenas em três garimpeiros mesmo. Providenciei o combustível e o motofretista e partimos.

17. O OTIMISMO

O grande escritor brasileiro Ariano Suassuna dizia: "O otimista é um tolo. O pessimista é um chato. Bom mesmo é ser um realista esperançoso." E é isso, não seja o chato que só sabe criticar, nem o otimista que acredita cegamente em tudo.

Admito que não tinha muita fé naquela repassagem, mas concordei que nossa outra opção seria quase inviável. Porém, no momento em que concordei com a ideia, eu me dediquei a ela. Buscava ter esperança naquele chão remexido e tentava passar isso aos outros. Sem ideias fantasiosas de enriquecimento rápido.

Combinei com o Ceará que faríamos um barranco com metade do nosso combustível e depois resumiríamos o resultado, mantendo assim uma reserva para o próximo, caso desse errado, leia-se "cego", outra vez.

Ceará demonstrou certa desconfiança com Rambo. Mas aos poucos o rapaz foi demonstrando que era esforçado. Trabalhava muito. Força era seu ponto forte. Diante de um senhor com a idade do Ceará e eu, com meu organismo ainda debilitado pela malária, isso era fundamental.

Mudamos nosso maquinário, com muito esforço, usando troncos de pequenas árvores como roletes. Em dois dias, nosso maquinário estava pronto. Começaríamos, finalmente, a garimpar.

Ceará era o "maraqueiro", o homem que comanda a maraca, como é chamada a mangueira que suga a terra dissolvida pela água dos jatos. Eu e Rambo revezávamos no jato, uma mangueira que jogava água no barranco, desmanchando a terra que corria em direção à maraca.

Enquanto um ficava jateando, o outro "catava" pedras e pedaços de pau que poderiam entupir a "boca da maraca".

O sol forte ardia nas nossas costas. Eu e o Ceará estávamos vestidos com camisetas de manga longa, calça de moletom, botas de borracha e bonés na cabeça. Verdadeiro uniforme dos garimpeiros na região. Rambo só usava uma bermuda jeans. A mesma, todos os dias. Ficava de pés descalços e um boné surrado na cabeça.

O almoço era preparado por mim mesmo, para azar dos meus perceiros. Mesmo estando em apenas três garimpeiros, nós revezávamos durante as refeições e assim, nossa máquina só parava ao entardecer.

"Mandamos terra" por quatro dias e então decidimos despescar nossa resumidora, para termos uma ideia do que era nosso novo barranco.

Às vésperas da despesca, eu fui até o acampamento do Mister Rolland avisá-lo. O acesso era por um caminho estreito pela mata, a alguns minutos de distância. Ao me aproximar, vi que ele estava dentro de seu pequeno barranco, com um prato esmaltado na mão, procurando diamantes numa pequena porção de terra. Era um buraco pequeno, de mais ou menos 2x2 metros. Do lado de fora do buraco, havia um montinho de cascalho com uma velha pá enfiada. Era um cascalho branco, meio azulado, com pedras pequenas e redondas. Eu me aproximei em silêncio, ele percebeu e rapidamente jogou o prato dentro de um balde cheio de água.

Eu brinquei, perguntando se havia muito diamante por ali. Ele riu sem graça. Perguntei por que não nos deixava trabalhar ali. Ele me disse que era porque ele trabalhava ali. Insisti dizendo que havia espaço para todos. Ele ficou calado e saiu do barranco com cara de poucos amigos.

- Eu dei um novo lugar para você trabalhar, agora você quer o meu lugar? Não, aqui não. Lá tem diamantes...

- E aqui tem também? - Insisti num tom de brincadeira.

Ele virou as costas, balançando a cabeça, contrariado.

- Amanhã cedo vamos despescar, Mister Rolland.

Ele parou na entrada de seu acampamento, coberto com uma lona preta cheia de buracos, escorada e amarrada por cima de uma enorme pedra preta. Olhou-me e abriu um sorriso outra vez, fazendo um sinal positivo com polegar.

- Ok, ok. - Ele repetiu. E adentrou seu barraco.

Eu fiquei ali olhando o pequeno buraco no chão e imaginando quanto diamante poderia haver por ali. O material era lindo.

Daqueles que quando se bate o olho, já se sabe que tem futuro. Percebi que Mister Rolland, deu uma espiada através dos buracos da lona.

Eu acenei e saí em direção ao nosso acampamento, rindo da sua desconfiança.

No dia seguinte, limpamos a resumidora e Rambo, superando nossas expectativas, era muito experiente no manejo das peneiras. O material na peneira estava bonito e na primeira virada já encontramos alguns diamantes. Eram pedras pequenas, mas para alguém que não tinha encontrado nada ainda no Perenong, parecia uma fortuna. Além de vários outros diamantes, abaixo de um ponto, os famosos "ziro-ziro" na pronúncia do Mister Rolland.

Depois de dias sofridos, ver alguma recompensa era animador. E a cada peneirada, meu otimismo esperançoso aumentava. No fim, tínhamos vários pequenos diamantes, nossos primeiros diamantes. Enrolei-os num pedaço de pano e nos preparamos, eu e Mister Rolland para irmos até ao Kurupung realizarmos nossa primeira venda.

18. A VENDA DOS DIAMANTES

Almoçamos e partimos em direção ao Kurupung. Mister Rolland e eu.

Apesar da idade, Mister Rolland andava rápido, com passadas largas. Com uma mochila nas costas, levava a espingarda em uma das mãos e o facão em outra, sempre.

Após cinco horas de caminhada chegamos ao Kurupung e fomos diretamente ao primeiro comprador de diamantes que encontramos. Logo na chegada da vila. Era um brasileiro, não me recordo o nome. Entramos no pequeno espaço, uma casa simples feita de madeira. Um escritório provisório segundo ele. Colocamos as pedras sobre a mesa e ele as analisou uma a uma, em silêncio. Ao final fez sua oferta. Eu fiquei muito decepcionado, porque naquele momento agi como um otimista inveterado. Achei que venderíamos por muito mais. Mister Rolland se remexeu na cadeira quando o homem mostrou o valor na calculadora.

- Eu acho que vamos dar uma pesquisada por aí - falei ao homem.

- Bom, se saírem não manterei o preço. Vou pagar menos.

Expliquei ao Mister Rolland o que o homem havia dito. Ele disse para fecharmos negócio ali mesmo. Eu ainda estava indeciso.

A venda de diamantes é difícil para quem não é conhecedor. A avaliação de uma pedra passa por muitas variáveis, como cor, formato, defeitos como bolhas e rachaduras. Não era como a venda do ouro, onde peso e teor determinam seu valor. Desta forma, era muito difícil questionar uma avaliação. A opção era pesquisar entre os avaliadores. No Kurupung tinham quatro compradores. Três brasileiros e um Guianense.

Agradeci ao homem e disse que era a primeira vez que vendia diamantes ali, então iria ver outras ofertas. Disse que daria preferência a ele se mantivesse o preço daquela vez. Ele concordou. Saímos pela vila, apressados, pois o fim do dia se aproximava e não podia perder tempo. Tinha que sair cedo no outro dia de volta ao Perenong.

Mister Rolland sugeriu que fossemos primeiro até o comprador guianense.

Ele ficava em uma espécie de Mercearia quase no final da vila. Minhas pernas já doíam de tanto andar, mas diante da disposição invejável de Mister Rolland, eu aguentava calado.

Entramos na Mercearia e o local estava vazio. Mister Rolland chamou o homem pelo nome. Detrás de uma mesa com várias caixas de bebidas sobre ela, se levantou um homem. Sem camisa e se espreguiçando, ele nos cumprimentou e pediu licença para vestir-se. Mister Rolland lhe disse que queríamos vender diamantes. O homem respondeu que estava quase fechando, mas que iria nos atender. Sem pressa alguma jogou uma água no rosto, enxugou calmamente, vestiu sua camisa florida, passou um perfume e então se aproximou.

Sentou-se à mesa e abriu uma gaveta de onde tirou uma lupa, acendeu uma luminária sobre a mesa e pediu para ver as pedras. As analisou lentamente durante vários minutos. Eu me perguntava o que tanto olhava naquelas pedras. Mister Rolland, quase dormia numa poltrona ao lado.

O homem então colocou a lupa sobre a mesa e fez sua oferta. Bem abaixo da primeira. Mister Rolland, decepcionado, pediu que pagasse algo mais. Eu o cutuquei e apontei para o lado de fora mostrando que o sol já ia se pondo. Era óbvio que o homem nunca chegaria na oferta do primeiro comprador, e se fizesse, demoraria anos, pela sua vontade.

Enrolei as pedras no pano, agradeci ao homem e fui saindo. Mister Rolland, foi quem apertou o passo para me alcançar desta vez.

- Ele ia fazer outra oferta - disse Mister Rolland.

- It's a lazy man! (É um homem preguiçoso) - respondi.

Mister Rolland caiu na risada. E a partir daquele dia, aquele comprador assim ficou conhecido, Lazyman. Sua preguiça era tanta que precisaríamos de dois dias para concluir uma venda, brinquei.

Quando chegamos ao próximo comprador, percebi que era um brasileiro apelidado de "Irmão". Já tinha ouvido falar nele. Ele era dono de uma loja de peças para garimpo e comprador de diamantes. Era um dos vários credores que nossa máquina tinha na região. "Herança" dos outros garimpeiros que trabalharam nela no passado.

Claro que eu não podia vender os diamantes para ele. Se exigisse naquele momento o pagamento de alguma conta, voltaríamos à estaca zero.

Fiz um sinal para Mister Rolland e continuei andando. Ele chegou a parar na porta da loja, onde parece que entendeu a situação e seguiu em frente.

Com a noite chegando, corremos no primeiro comprador e nem visitamos o outro que ainda havia na vila. Que também não tinha uma fama muito boa na avaliação.

Enfim, vendemos ao primeiro comprador. Ali mesmo, paguei a porcentagem do Mister Rolland, que se dirigiu a uma casa que possuía na vila. Eu procurei uma hospedagem para passar a noite.

Havia um restaurante guianense na vila, onde funcionava uma hospedagem. Eram quartos no fundo do terreno, às margens do rio Mazaruni. Eram feitos de madeira, sem forro, sem ar condicionado e nem ventilador. Isso não era um problema, já que o clima costumava ficar bem ameno à noite. O banheiro era do lado de fora. Dois banheiros, também de madeira, com chuveiro e sanitário. Tudo muito simples. Mas confesso que para mim, após dormir várias noites em uma rede, aquilo era ótimo.

O jantar servido no restaurante em anexo, era arroz frito com frango, que, após dias comendo carne de balde, preparada por mim mesmo, havia se transformado em um belo banquete.

Lá, eu, após jantar e deitar na cama, refleti, que quanto piores nossas condições, menos precisamos para nos sentir satisfeitos.

Toda a vez que vínhamos na vila, vender os diamantes, aquela simples refeição e a cama da pousada, eram coisas que eu aguardava ansiosamente e que me deixavam muito satisfeito. Onde me desligava um pouco, daquelas condições precárias que passávamos.

Às vezes, ali nos quartos vizinhos, quando algum casal, mais animadinho, resolvia manifestar seu amor de forma bem barulhenta, as paredes sem forração nenhuma deixavam o barulho invadir meu quarto. Afinal, o hotel era usado pra isso também. Aí sim, dava saudade da paz e silêncio do Perenong.

19. AS COISAS VOLTAM AO NORMAL

A venda dos diamantes tinha resultado numa quantia razoável, consegui comprar mais combustível, mantimentos e algumas peças de reposição. Voltei ao Perenong de carona com Raimundo, motofretista que foi levar nosso combustível.

Quando cheguei, Rambo e Ceará já estavam trabalhando. Descarreguei as coisas, troquei as roupas e pulei no barranco.

Sem disfarçar a animação, comentei com os dois, o valor da venda. Claro que era pouco, mas tínhamos esperança que poderia melhorar. A aposta era que, nesses barrancos manuais, sempre ficava algum pedaço de terra sem garimpar, e caso não tivesse, a própria repassagem poderia produzir bem, nos mantendo até fazermos um caixa para mudança. Esse era o plano.

Trabalhamos por mais quatro dias e fizemos uma nova "despesca".

Para nossa surpresa e alegria, na última peneirada, eis que surge uma bela pedra verde. A mais linda e reluzente que eu havia visto. A comemoração foi imediata. Ficamos eufóricos, "estamos ricos", a equipe gritava.

Olhei para Mister Rolland segurando a pedra na mão e a observando com um sorriso no rosto. A medida que Ceará comemorava, Mister dizia baixinho: "Yes".

Senti uma alegria imensa, pensei no sofrimento, enfim

recompensado. Então, não sei de onde, surgiu um sentimento de desconfiança. É isso? Foi tão fácil. Vencemos o famigerado Perenong, as forças da natureza tão presentes naquele lugar isolado. Nós as vencemos? A desconfiança aumentou. Comemorei junto com todos e depois segurando a pedra diante de meus olhos perguntei: - Alguém sabe quanto vale? -

Rambo inflou o peito: - Milions - disse rindo.

- Milhões, claro. Pode ser milhões. Mas do quê? Dólares Guianense? - Brinquei.

- No. American dólars - Respondeu Rambo, confiante.

Contive meu pessimismo, pois já estava ficando chato. (Lembram-se do Ariano?) Então, com um otimismo esperançoso, me preparei para a maratona ao Kurupung.

Como da última vez, almoçamos e partimos, eu e Mister Rolland. Facão e espingarda na mão outra vez. Perguntava a mim mesmo se a arma ainda disparava, nunca tinha ouvido um tiro sequer.

- Mister Rolland? - Chamei-o, pois andava sempre à minha frente.

Ele parou e se virou.

- Yes.

Perguntei com minha dificuldade habitual, se a arma ainda atirava. Ele se virou e seguiu andando.

- Por quê? O que quer com minha arma? - Perguntou

apertando o passo.

- Nada. Nada. - apenas curiosidade, pensei.

Quando chegamos ao Kurupung, decidimos visitar o outro brasileiro que comprava diamantes, antes de irmos ao comprador para o qual vendemos da última vez. Assim teríamos uma noção melhor do preço.

Este comprador também tinha uma loja de equipamentos para garimpo. Seu apelido era capitão, devido ao tempo que tinha sido policial no Maranhão, segundo ele.

Era muito falador, quase sempre, falava de si mesmo. Peguei o pacote e tirei somente a pedra verde e o entreguei.

- Mas que beleza! - Disse ele.

Ele a segurou na mão, contra a luz da janela, depois se virou numa mesa onde havia uma lâmpada, pegou a lupa e a examinou de perto. Foram longos minutos de expectativa. Quando o capitão se virou para nós outra vez sua empolgação tinha ido embora.

- Olha, a pedra tem uns defeitos. Algumas rachaduras. É boa, mas não vai valer muito não.

Mister Rolland ficou me olhando, sem entender as palavras do homem. Eu tratei de explicar e ele se levantou.

- Vamos ao outro brasileiro - disse.

- Espere aí. Nem falei o preço ainda - Se manifestou o capitão.

Ele pesou a pedra e digitou o valor na calculadora. Quando nos mostrou, Mister Rolland se virou e já foi saindo.

- Mister Rolland, espere! - Peguei a pedra, agradeci ao homem e sai logo atrás.

Mister Rolland Hamilton era um homem muito tranquilo, mas a oferta do capitão o havia deixado irritado. Ele andava rapidamente em direção à loja do outro brasileiro, enquanto sussurrava alguns palavrões.

Fomos até a loja do outro comprador brasileiro. Ele analisou os diamantes um a um, deixando a pedra verde para o final. Quando a pegou, percebi que Mister Rolland esticou o pescoço, esperando algum comentário. O homem, porém, não disse nada. Analisou, pesou, analisou outra vez. E então digitou o valor na calculadora e a virou para nós.

O valor era maior que o ofertado pelo capitão, mas muito aquém daquilo que imaginávamos.

- É uma pedra muito bonita, mas tem vários defeitos. E infelizmente, é o que posso pagar.

Mister Rolland resmungou algumas palavras que não entendi. E sem outra opção, fechei o negócio. Mesmo sem ser o valor que imaginávamos, com nosso otimismo tolo, o valor pago, por todos os diamantes, era bom.

Com o valor da venda, consegui comprar mais combustível e mais mantimentos. Depois resolvi contratar uma cozinheira, afinal estávamos indo bem. Espalhei a notícia pela vila e não demorou até que aparecesse uma interessada.

Janet, uma guianense, era vizinha de Mistér Rolland na vila. Era uma mulher de uns quarenta anos. Eu perguntei se ela sabia para onde iria. Se sabia onde ficava o Perenong. Ela deu de ombros, dizendo que já tinha cozinhado em lugares piores. Preferi não perguntar onde eram esses locais e a contratei. Foi a única interessada que apareceu. Combinamos de partir no dia seguinte.

Já era o fim do dia e fui para a hospedagem. Tomar um banho com água encanada e dormir numa cama. E claro, comer arroz frito com frango.

Minha vontade era comer um belo bife mal passado com fritas fumegantes. Mas tive que me contentar com o arroz frito mesmo.

Dia seguinte, após o café da manhã, fui até a casa do Raimundo, motofretista, que iria nos levar até o Perenong. Janet já estava lá.

Após Raimundo carregar e amarrar tudo, Janet subiu na garupa. Desta vez, eu teria que voltar a pé.

A moto saiu com os dois, eu fui até uma mercearia comprar o lanche usual da minha caminhada, um pacote de Club Social e um suco de laranja. Coloquei na mochila e sai caminhando em direção ao Perenong. Alguns passos à frente ouvi alguém gritando. Parei e vi que alguns metros atrás de mim, vinha alguém correndo, apressado. Pela estatura, pensei ser um menino, mas conforme se aproximou, suado pelo esforço para me alcançar (minhas passadas eram largas, não à toa, detinha o recorde na caminhada ao Perenong, como sabem), percebi que era um homem, diga-se um pequeno homem. Franzino e com um facão amarrado a cintura, que quase tocava o chão, ele se aproximou.

- Meu nome é Antonio. Você tá procurando peão lá pra máquina?

Admito que, olhei para o homem com desconfiança e até com certo preconceito.

- Estou. É pra quem?

- Oxê. Pra mim mesmo. Eu tô "rodado". (expressão usada pelos garimpeiros para aquele que está sem serviço)

- Você tem experiência?

- Má rapaiz, eu trabalho desde moleque nos garimpo.

"O que pode dar errado?" pensei. E como era difícil encontrar alguém disposto a trabalhar no Perenong, logo aceitei e lhe disse:

- Eu espero você pegar suas coisas. Daí vamos logo, que é longe.

- Tá tudo aqui. - Disse mostrando uma rede camuflada de nylon, amarrada pelo meio, como se fosse uma bolsa.

Então partimos. E aquela foi a caminhada mais longa que

fiz até o Perenong. Antônio era pequeno no tamanho, mas um gigante pra falar. Deixou meus ouvidos doendo de tanta conversa. E olha que sou um bom ouvinte.

Três horas depois, ele começou a reclamar.

- Rapaz, mas é longe hein.

- Não se preocupe, já passamos da metade. - Brinquei.

- Cê tá louco, moço? Longe demais. Tinha que ir de moto. Por isso que ninguém quer vir trabalhá aqui.

Certo arrependimento começou a bater. O Perenong realmente era longe. Aliás, ninguém sabia o significado do nome Perenong. Mas quando me perguntavam, eu dizia que sabia. Significava "fim da linha", dizia brincando. Não existia nada além do Perenong. A estrada, as vilas, povoados, tudo acabava ali. Ninguém tinha ido além do Perenong. Depois do atentado de 11 de Setembro nas torres gêmeas, algum engraçadinho pendurou em uma árvore, na chegada do Perenong, uma placa onde foi escrito "Afghanistan" (Afeganistão) em referência ao país do Bin Laden. Exagero, claro. Mas nem por isso deixava de ser um lugar difícil.

Quanto ao Antonio, continuou falando, até a chegada. Minha esperança era que, talvez trabalhando, ele falasse menos.

Chegamos ao Perenong. Minhas pernas não doíam já meus ouvidos, não podia dizer o mesmo.

No acampamento, Janet já preparava o almoço. De shorts jeans, bota de borracha e sutiã. Já tinha visto de tudo nos garimpos, mas cozinhar de sutiã era a primeira vez. Ela me viu e disse que estava muito quente ao redor do fogão a lenha. Resolvi não pensar nisso e me concentrar no cheiro da comida que era bom. Antonio e eu comemos e fomos para o barranco começar a trabalhar.

O velho Ceará, debochado como era, me chamou próximo da maraca e me disse sobre o novo integrante:

- Rapaiz, eu achava que eu era pequeno, mas depois de vê esse aí... - e caiu na risada.

Antonio pediu o jato para Rambo, que o olhou, meio em dúvida se devia entregar. Fiz um sinal que estava tudo bem, mesmo sem ter certeza. O pequeno homem se agarrou com a mangueira e deu conta do recado. Ceará dava risada. Rambo ainda ficou por perto por um tempo, por garantia. Aos poucos uma equipe ia se formando.

20. THE RASTAMAN

O Rastaman

Era Domingo, nossa folga, final do dia e jantávamos no acampamento, quando percebemos a aproximação de dois estranhos. Os dois eram jovens, usavam toucas e tinham longos cabelos trançados, estilo rastafári. Nas costas, carregavam enormes mochilas. Um deles era preto e o outro tinha a pele mais clara.

Ficamos meio desconfiados, mas em princípio, pareciam amistosos.

Conforme se aproximaram, um deles levantou a mão cumprimentando-nos.

- White boy? - perguntou dirigindo-se a mim.

Percebi que teria que assumir meu apelido. Pois pelo jeito era assim que era conhecido.

- Yes - respondi.

Os dois se apresentaram e disseram que estavam cansados da caminhada. Um deles me perguntou se podia usar o rádio.

Nosso rádio amador era alimentado pela bateria do motor mwm que ficava na maraca, era o único que tinha partida. E assim durante o dia a bateria carregava no motor, no fim do dia, quando queríamos usar o rádio trazíamos a bateria para o acampamento. Mas naquele dia ela não estava no rádio. Então disse ao jovem que se quisesse usar teria que ir buscar no motor, dentro do nosso barranco. Eu me propus a ir junto tirá-la claro. Antonio e Ceará ficaram contrariados, mas eu tinha uma visão diferente deles.

Eu autorizei, ainda com desconfiança. Não eram poucos os casos de roubo nos garimpos. Qualquer estranho era suspeito por ali. Além do mais, que ladrão desavisado andaria tanto para nos roubar? Tirando o dinheiro das comissões que havia pagado ao Ceará e Rambo, não tinha mais nada ali, para ser roubado.

Antonio se aproximou de mim e disse:

São dois maconheiro. Eu já os vi no Kurupung.

Ele só quer usar o rádio. Depois devem ir embora. - Respondi.

Fui, então, acompanhado dos dois rastafáris até o barranco, onde pegamos a bateria e de onde os dois, com dificuldade a levaram até o acampamento.

Um dos andarilhos, o de pele mais clara, se sentou num tronco que usávamos como banco, sintonizou o rádio e falou com sotaque guianense:

- Rádia, rádia…

Entendi que ele informou alguém que ficariam alguns dias no Perenong. Comecei a me perguntar onde seria. Nesse momento, Mister Rolland que passava por ali, percebeu a presença dos dois e se aproximou exigindo explicações.

Os rastafáris disseram que procuravam ouro. Tiraram um detector de metais de uma das mochilas e mostraram a ele.

Mister Rolland disse que dentro de suas terras não

permitiria que trabalhassem. Um deles explicou que pagariam a porcentagem, mas Mister Rolland não aceitou e disse que deveriam partir.

Janet, nossa cozinheira, entrou na conversa, dizendo que conhecia os dois, que eram bons rapazes. Isso não convenceu Rolland Hamilton, que reafirmou que não deixaria. Um deles pediu, para que ao menos os deixasse acampar ali até o dia seguinte. Ele se recusou a deixar também. Janet se aproximou de mim, pedindo que intercedesse, que eram dois meninos e que não fariam mal a ninguém.

Realmente, não me pareciam ameaçadores, ao contrário, transmitiam certa ingenuidade. Me aproximei do Mister Rolland e pedi que deixasse os dois ao menos dormirem por ali. Pois já era tarde. E eram dois meninos, afinal.

Ele me olhou com estranheza, e disse:

- Sua responsabilidade. E não quero maconha aqui perto. Nem podem usar a máquina. - Disse se referindo ao detector de metais.

- Não seria bom se achassem ouro aqui? Poderiam nos ajudar. - Argumentei.

- Quem vai andar com eles na mata? Como saberei o quê encontraram? - Me disse com a desconfiança habitual.

- Podem dormir. Mas longe deste acampamento. E longe da resumidora - Emendou o velho Rolland e saiu sem olhar para trás.

Os rastafáris me agradeceram, mesmo sem ter conseguido quase nada. Disseram que nunca tinham vindo ao Perenong. E que queriam ir mais longe, mas não havia caminho.

"Mais longe? Será efeito da maconha?" - pensei. Então, os dois saíram procurando um local para arrumar acampamento.

Antonio aproximou-se.

- Se eu fosse você não deixava não. Esses maconheiro podem roubar da gente. Tem que cuidar da "caixinha" do ouro.

A caixinha do ouro era uma pequena bica de madeira, com um pedaço de carpete que ficava na saída de rejeitos da resumidora, ela havia sido colocada pelos próprios peões, para segurar o ouro que havia na terra. Como a presença do metal por ali era pequena, a cada limpeza, ela produzia uns cinco gramas de ouro, que era dividido entre todos, inclusive com Mister Rolland.

Expliquei ao Antonio que, para roubar a caixinha, dava trabalho. E que aqueles jovens não pareciam nem saber como fazer isso.

Os dois rastafáris acamparam próximo ao antigo barranco da dama rica. No dia seguinte, Mister Rolland foi até eles, exigindo que fossem embora. No mesmo momento, o dono do barranco vizinho, Mike se aproximou e cumprimentou um dos jovens. Eram conhecidos e Mike, talvez até para provocar o velho

Rolland, mostrou uma área de mata, a uns dez passos do local, dizendo que era sua terra, e que podia ficar por ali o tempo que quisesse. Os dois, então, mudaram o acampamento de local e estabeleceram ali, para a ira de Mister Rolland.

Dois dias depois um deles, ficou mal, provavelmente malária e foi embora. O outro, o de pele mais clara, permaneceu no acampamento. Passava os dias na rede, fumando seu cigarro de maconha, como a fumaça e o cheiro forte denunciavam. Volta e meia, pedia para usar o rádio. "Rádia, rádia" repetia. Esse era o "Rasta" como ficou conhecido. De andarilho, passou a morador da área. Não demorou para ter uma plantação de maconha ao redor do acampamento. Mister Rolland cada vez que passava, balançava a cabeça indignado. Mike, o vizinho, por sua vez, virou cliente do Rasta

21. O HOMEM DA CUECA FURADA

Era mais ou menos, metade da manhã, o sol ardia nas nossas costas, trabalhávamos normalmente. Um homem surgiu na beirada do barranco e ficou nos observando. Depois de um tempo fez um gesto, querendo falar comigo. Chamei Antonio, que catava pedras por ali e o entreguei o jato.

- Outro andarilho. Será que todos os maconheiros vão "vim" pra cá? - Disse.

- Bom, não parece um andarilho. Vou lá falar com ele.

Cheguei perto do homem e ele estendeu a mão amigavelmente.

- Rogério? - Perguntou ele com sotaque guianense.

Por um momento me bateu um lapso. Quase respondi "White Boy", há tempos que não me chamavam pelo nome.

O homem devia ter uns cinquenta anos, aparentemente descendente de indianos, bigode e cabelos grisalhos. Tinha uma mochila e um cantil nas costas. Ele se apresentou como Ravi. Disse que era amigo de Romie. E que ela havia dito que eu poderia ajudá-lo com um trabalho. Olhei para o pobre homem ofegante e o chamei para ir até o acampamento. Lá, Janet nos serviu pão frito e café. O homem estava faminto. Agradeceu a comida e disse que veio de Georgetown à minha procura, pois Romie havia falado muito bem de minha pessoa e que com certeza eu o ajudaria. Contou que conhecia Romie há muitos anos e que sua família passava por dificuldades, de modo que não tinha alternativa.

Perguntei a Ravi se já tinha trabalhado em um garimpo antes. Ele disse que nunca. Mas estava disposto a aprender. Olhei para o homem com os olhos cheios de lágrimas em minha frente. Ele parecia fraco fisicamente. Não tinha experiência nenhuma. Eu precisava de mais um trabalhador, pois a intenção era adicionar mais um bico jato para aumentar a lavagem da terra. Mas Ravi não era exatamente o perfil que buscava.

Na contramão de minhas necessidades, eu dei a vaga a ele. Devia muito mais que isso a Romie. E é isso que entendo por gratidão. Não apenas um sentimento, mas sim a possibilidade de retribuir algo a quem nos ajudou em algum momento.

Disse a Ravi que descansasse e começasse no dia seguinte, mas sua alegria foi tanta que, que quis começar imediatamente. Colocou suas coisas no barraco e tirou a roupa ficando apenas de cueca. Depois vestiu suas botas de borracha e se aproximou animado:

- I'm ready (eu estou pronto).

Olhei para Janet que não segurou o riso ao ver o homem com sua cueca, que ainda tinha um enorme furo na parte de trás. Balancei a cabeça e fiz sinal para que me seguisse, já imaginando o que os outros iam dizer.

Quando Ravi entrou no barranco todos riram, pelo fato do

homem estar só de cuecas e pelo buraco em sua cueca.

Eu sabia que Ravi ia gerar controvérsias na equipe, pois não tinha a mesma capacidade física e experiência, logo, ia ser questionado se ia ganhar a mesma porcentagem dos outros. Mas não sabia que isso ia acontecer tão rápido. Antonio foi o primeiro. Aproximei-me para pegar o jato e ele falou, com cara de poucos amigos:

- Quem é esse velhão aí?

- Vai trabalhar aí - Respondi curto e grosso.

- Ele não tem jeito de garimpeiro não. Não é brasileiro né? Pelo jeito não sabe nada né?

- Está aí para aprender...

Antonio balançou a cabeça e saiu, foi até Rambo e reclamou, depois foi até o Ceará e reclamou. Logo todos estavam com a cara fechada no barranco. Ravi se esforçava, os outros abusavam dele. Pedindo - lhe que usasse a picareta nas pedras, carregasse a mangueira do jato sozinho. Algumas vezes, Antonio apontava o jato d´água perto dele, fazendo-lhe espirrar água e lama no rosto.

Ravi era cristão, estava sempre com a Bíblia nas mãos quando de folga. Isso lhe rendeu o apelido de Irmão. Apesar da idade, ele não desanimava. Tratava todos com respeito e fazia tudo o que pediam. Sem reclamar. Às vezes eu o via sentado por alguns minutos, parecia exausto. Logo Antonio gritava com ele e o fazia se mexer.

Pela primeira vez, tínhamos uma equipe completa para trabalhar. Se era uma boa equipe, só o tempo diria. Mas era, com certeza, a mais inusitada de todas as equipes que já tinha visto.

22. A ENCHENTE

As coisas estavam entrando nos eixos, estávamos conseguindo trabalhar continuamente e apesar da produção "dar" apenas para os gastos, se mantinha a esperança de "acertar" algo maior (Otimismo tolo, outra vez, será?).

A rotina era a mesma, trabalhar, resumir e ir ao Kurupung realizar a venda.

Eu rezava todos os dias pedindo que nada quebrasse e que não surgisse qualquer outro imprevisto, pois não tínhamos caixa para emergências e nem crédito na praça.

Pensávamos em uma mudança de local. A área de concessão do Mister Rolland era extensa, mas precisávamos de dinheiro, principalmente para o frete dos maquinários.

Assim íamos "tocando".

Até que um dia, à véspera de despescarmos a resumidora, o Perenong resolveu mostrar sua verdadeira face.

Do nosso acampamento, era possível ver, algumas montanhas, que faziam parte do famoso planalto das Guianas. Eram enormes formações rochosas, paredões ao redor de boa parte do país.

Essas montanhas, em especial, um "paredão", lindo e imponente, era relativamente próximo do nosso acampamento e ficava visível boa parte do tempo. Porém, naqueles dias, o paredão estava totalmente encoberto. O céu estava nublado.

Segundo Mister Rolland, a chuva caía nas cabeceiras dos córregos e riachos da região. A chance de uma enchente era grande. Mesmo sem chover onde estávamos, ficavámos atentos. O tempo passou, repentinamente, de ensolarado a chuvoso. Choveu forte por dois dias. E como era de se esperar, a enchente veio forte, devastando tudo pela frente.

Quando percebemos, numa noite, que o nível do córrego chegou ao nosso acampamento, corremos até o barranco. A água já batia na cintura. Tive que entrar às pressas, com a ajuda de Rambo e soltar a balsa onde ficava o motor da maraca. A tromba aumentou ainda mais, até atingir a área onde estava a resumidora, que ficou completamente coberta.

Não havia mais o que ser feito. Voltamos para o acampamento para esperar amanhecer e avaliar os estragos.

No dia seguinte, a chuva ainda caía forte, a água ainda estava alta. Nossa resumidora, conforme constatamos, tinha tombado e estava submersa. Teríamos que esperar a chuva parar e as águas baixarem, para ver se havia algo de aproveitável na resumidora. Era quase certo que tínhamos perdido aquela produção. A força da correnteza derrubou a resumidora e fez abrir suas peneiras liberando o material que tínhamos mandado durante a semana.

A chuva ainda caiu por mais um dia inteiro. Demorou mais um dia para as águas baixarem. Limpamos a resumidora, mas não havia nada. Nem uma pedra sequer. Tínhamos perdido a produção da semana. A comida estava acabando, só tínhamos arroz.

Colocamos os equipamentos no lugar. Tínhamos combustível suficiente para trabalhar três dias, no máximo.

"Mandamos" terra até a última gota de combustível, mas nossa produção foi um fracasso total. Nenhum diamante. Nada. Zero.

Cansado, sentei na beira do barranco e fiquei imaginando como podia não ter nada. Trabalhamos no mesmo lugar, o mesmo material, e nada. Não tínhamos mais combustível, nem mantimentos, nem dinheiro.

Quando escureceu, naquele mesmo dia, fui até o córrego, tentar pegar alguns peixes.

Como as águas já tinham baixado, tentei pegá-los usando um facão e uma lanterna. A luz da lanterna os ofuscava e eu dava um golpe com o facão. Isso garantiu o jantar. Janet fritou os peixes. Comemos com o pouco de arroz que restava. Assim que jantamos, Janet me comunicou que iria embora. Logo depois, foi a vez de Antonio dizer o mesmo. Olhei imediatamente para Rambo, esperando a mesma atitude. Ele, porém, me disse que ficaria se fossemos trabalhar ainda. Mesmo sem saber como, eu prometi que faria o possível.

Então, lembrei-me da caixinha do ouro. A produção era

sempre muito baixa, mas deixei o otimismo prevalecer e uma centelha de esperança se acendeu. Ninguém havia se lembrado dela. Fizemos a limpeza e, para nossa surpresa, foi a maior produção que já tínhamos feito. Nada demais, apenas o suficiente. Consegui comprar o óleo diesel e pagar o frete, pois para o Perenong ninguém fazia o frete fiado.

Voltamos ao trabalho. Agora sem cozinheira. Apenas eu, Ceará, Irmão e Rambo. O dinheiro que tínhamos não foi suficiente para comprar carne. Apenas arroz, ovos e farinha. Era nosso cardápio. Pedi ao Mister Rolland que emprestasse sua espingarda para caçar, mas o desconfiado se negou. Por sorte, conseguimos matar um jacaré, que pasmem, amanheceu no nosso barranco. O salgamos e fizemos carne de sol. Isso nos rendeu carne por alguns dias.

Perenong era assim mesmo, nunca havia uma estabilidade. Era sempre na dificuldade. Essa era a selva guianense.

Ravi, ou Irmão, como era chamado pelos outros, volta e meia me aconselhava, lia trechos bíblicos, que eu pouco entendia, pois sua Bíblia era em inglês.

No nosso acampamento, que já havia sido usado por outras pessoas antigamente, havia uma velha Bíblia, dessas de bolso, estufada pela umidade e com várias páginas arrancadas. Irmão a pegou e a entregou a mim.

- Leia White Boy. Isso vai ajudá-lo - aconselhou-me.

Ravi mostrava-me trechos em sua Bíblia em inglês, para que eu os procurasse na Bíblia em português. A primeira vez que fez isso, me disse uma frase que lembro e guardo comigo até hoje. Está escrito em Hebreus, capítulo 13, versículo 5, "Eu nunca te deixarei e jamais te abandonarei". O versículo é mais que isso. Mas esse trecho me marcou quando Ravi me mostrou e disse: "Você não está sozinho".

Hoje penso como, em vários momentos, eu li aquela Bíblia velha, faltando páginas e isso me ajudou a suportar tantas dificuldades. E como aquela Bíblia, com tantas palavras poderosas, ficou ali, por vários dias, sem ninguém dar importância alguma a ela. Ravi chegou, do nada e a entregou em minhas mãos. A situação não mudou depois que li alguns trechos da Bíblia, mas com certeza, a forma como enfrentei a situação isso sim mudou. E Ravi teve grande influência nisso.

Isso me fazia refletir, como, aquelas poucas palavras fizeram-me ter forças para continuar, num momento em que me sentia fracassado, e que sabia que todos ali estavam duvidando de minha capacidade de liderar e lidar com a situação.

E as palavras vieram de um homem simples, que era, de certa forma, motivo de gozação para todos.

23. QUEM NÃO FAZIA FALTA VOLTOU

Esta parte da história me ensinou uma lição que geralmente não aprendemos enquanto somos jovens. O quanto nossa saúde é importante para alcançarmos nossos objetivos. Quando erajovem achava que teria tempo para cuidar da saúde depois, sem considerar que minha saúde de "depois" serria consequência dos meus atos enquanto jovem.

Nem sempre colocamos no planejamento a nossa saúde. Planejamos orçamentos, férias, viagens, fins de semana, mas quase nunca, quando estamos bem, sem nenhum sintoma ou dor nenhuma, planejamos ir ao médico, fazer um checkup, exames ou principalmente, cuidar da saúde como forma de prevenção. E nisso se enquadram uma alimentação nutritiva, exercícios físicos e hábitos saudáveis, além, de sentimentos bons, energias boas. É claro, que onde estava não tinha condições de fazer isso. Como era jovem e inconsequente, não ligava para a saúde. No Perenong, isso tinha agravantes, foram meses com má alimentação, trabalho exaustivo e a malária, uma doença que não tem vacina e ainda mata milhares de pessoas no mundo, todos os anos.

E foi num dos momentos mais difíceis que ela ressurgiu.

Trabalhamos dois dias com o óleo comprado com ouro da caixinha. Fizemos a limpeza e conseguimos algumas pedras, que nos permitiriam trabalhar mais alguns dias.

Após o almoço, como de costume, iríamos, eu e Mister Rolland, até o Kurupung vender os diamantes. Senti-me indisposto e deixamos para partir no dia seguinte.

À noite, tive febre e calafrios. Levantei-me algumas vezes para vomitar. Naquele momento, já sabia que era malária outra vez. Foi uma noite terrível, sem dormir.

Ainda de madrugada, Mister Rolland apareceu pronto para nossa caminhada até a vila. Apesar da fraqueza, me levantei e me aprontei. O funcionamento da máquina dependia da venda dos diamantes.

Saímos andando e fui ficando para trás, o cansaço era imenso. Aproximei-me de Mister Rolland e disse que não me esperasse. Eu iria diminuir o ritmo. Na verdade, em outras palavras eu ia parar mesmo.

Mister Rolland sumiu da minha vista. De repente, me vi no meio da mata, sem saber onde estava, sentado em um tronco, eu olhava para os lados, sem saber para onde ir. A febre queimava meu corpo. Fazia força para vomitar, mas não tinha mais nada no estômago.

Esperei um tempo ali. Sozinho. Mas incrivelmente, em todas as situações, e nesta, uma das mais sofridas, eu nunca me senti sozinho. A frase" Você não está sozinho" surgia em meus pensamentos em todo momento.

Levantei-me, escolhi uma direção e parti. Logo comecei a

ouvir o barulho das motos na estrada e consegui reencontrar o caminho.

Enquanto andava na estrada, outra vez, senti algo escorrendo pelas minhas pernas. Só então percebi que estava todo "cagado". Havia defecado nas roupas sem perceber. Outro efeito da malária. Andei até chegar num córrego próximo ao Kurupung, entrei na mata outra vez e procurei por um local mais afastado. Tirei as roupas e mesmo com frio, me lancei nas águas geladas do córrego. Lavei-me e fiquei ali, apenas com o pescoço fora da água, esperando a temperatura do corpo baixar. Depois de um tempo, vesti a roupa reserva e segui viagem, um pouco melhor. Cheguei ao Kurupung e fui até a casa de Mister Rolland.

Ele tomava seu café da manhã. Eu aguardei do lado de fora.

Estranhamente, depois de todo esse tempo de convivência, Mister Rolland ainda parecia não confiar em mim, não ter nenhum sentimento de amizade, ou coisa do tipo.

Ele parecia não ter empatia por mim, talvez os anos vivendo ali no Perenong o tenham deixado "duro" demais.

Não entendia, mas não o julgava. Não sabia o que poderia ter vivido no passado. E eu, um rapaz branco de olhos claros, o remetia, de alguma forma, a um passado distante, onde seus antepassados teriam sofrido com a escravidão, causada, talvez, por pessoas da minha cor.

O aguardei do lado de fora de sua casa. Vendemos os

diamantes e fui até o posto de saúde. Lá fizeram o teste e me forneceram remédios para a malária. Depois comprei o combustível e alguns mantimentos e saí à procura de um motofretista para levar as compras ao Perenong.

Porém, eu precisava de alguém que fizesse isso, para receber na semana seguinte, pois a venda dos diamantes não tinha sido muito boa. Na semana anterior, Pernambuco já tinha feito isso pra mim. O procurei para novo frete, mas ele se negou a ir sem receber o que eu já devia.

Estava sem opções. A notícia de que as coisas não iam bem no nosso garimpo já tinham se espalhado e ninguém queria arriscar a perder dinheiro.

Desesperançoso fui até uma mercearia, onde comprei os famosos biscoitos salgados e suco de laranja, que era o que meu estômago aceitava naquele momento. Estava ali comendo, pensando como levaria as coisas até o Perenong, quando uma moto encostou do meu lado.

Um homem moreno, baixo e "rechonchudo", de bermuda e pés descalços, na cabeça, um chapéu de couro, estilo meia-lua, típico do nordeste. Eu já tinha ouvido falar dele. Era um conhecido motofretista da região. Seu apelido era Tatu.

Tatu se aproximou e me cumprimentou. Perguntou se era eu que estava procurando um motofretista para ir ao Perenong.

- Sim, sou eu. Mas é para pagar na próxima despesca...

- Tô sabendo. Já me disseram que você paga direitinho. Eu vou te levar.

Fiquei pensando no que tinha levado aquele homem a fazer o frete para mim. Antes que chegasse a uma conclusão ele disse:

- Eu vejo você "direto", andando por aí, feito doido nesse caminho. Vou te ajudar. Eu também sô curioso pra andar lá naquelas "picada" do Perenong. "Cabra" fala que só doido anda lá. Então sou eu mesmo.

Tatu era um homem bem humorado e brincalhão. Sem perguntar preço, nem nada mais, aceitei a oferta. Carregamos as coisas na moto e partimos rumo ao Perenong.

24. NÃO ESPERE RECONHECIMENTO

Duas coisas que sempre carreguei comigo, a gratidão e a lealdade. São duas virtudes, mas que devem ser praticadas e podem ser melhoradas.

Ser grato é muito importante para superação.

Ser grato me fez mais resistente, mais forte. Não pensar que as coisas acontecem na sua vida como castigo ou por você ser quem é. O que somos no mundo? Qual nossa importância? Somos insignificantes na magnitude do mundo, imagine então do universo. Achar que as coisas boas e ruins são feitas para nós, é muita pretensão.

Eu vivo com gratidão. Isso quer dizer que agradeço pelo que tenho. Pois olhando para além do meu ego, vejo pessoas em situações muito mais difíceis. Por isso, agradeço, diariamente, neste mundo, onde sou privilegiado.

A lealdade, também é uma forma de ser grato. Ser grato com alguém que te ajudou que te quer bem, com o qual você deu sua palavra e fez algum compromisso.

Se pensarmos em lealdade antes de nossas decisões, elas seriam bem mais acertadas. Principalmente se pensarmos em nossa lealdade a Deus. Essa lealdade evita muitos problemas.

Dessa forma conseguimos olhar para as dificuldades de maneira mais assertiva, mirando no problema em si e não em delongas imaginárias.

Aqueles dias estavam difíceis, a malária estava me

maltratando, o remédio fornecido no posto de saúde dava reações terríveis, não conseguia trabalhar, muita dor e febre com episódios de vômitos frequentes. Então ficava na cozinha preparando a comida. No barranco, Ceará passava dificuldades para trabalhar apenas com Rambo e Irmão, que era inexperiente. Não encontrávamos ninguém disposto a trabalhar no Perenong. Para piorar, a produção nas duas últimas despescas tinha diminuído bastante. Mal fazíamos para manter a máquina funcionando. Só tínhamos, praticamente, arroz para comer. Mister Rolland pegava, em uma velha rede de pesca, um peixe por dia, e vendia para nós por meio grama de ouro. Era o que tínhamos. Não havia expectativa. Nossa chance era mudar para algum lugar melhor, mas sem dinheiro, isso se tornava cada vez mais difícil. Era desanimador.

Eu sempre mantinha contato com meu tio através do radio amador. Numas dessas conversas, nesses tempos difíceis, eu desabafei. Eu disse que estava difícil de suportar, com a doença, sem dinheiro, estrutura, mão de obra e sem crédito.

Nossa única esperança era trabalhar na terra onde o próprio Mister Rolland trabalhava. Naquele local, onde ele trabalhava dia após dia, a passos de tartaruga, estaria uma grande jazida de diamantes.

Expliquei ao meu tio que tentava por várias vezes, convencê-lo a liberar o local, mas a resposta sempre era negativa.

Deixei transparecer meu cansaço e pessimismo ao meu tio, mas deixei claro que seguiria tentando.

Despedi-me do meu tio, e antes que eu desligasse o rádio, ele chamou pelo seu sócio, que estava na frequência também, mas tinha apenas ouvido a nossa conversa.

O sócio do meu tio já havia estado ali mesmo, no Perenong, à frente daquela mesma máquina. Havia trabalhado por um tempo, mas claro, com recursos e condições bem diferentes.

Não sabia se havia produzido algo, mas sabia que havia deixado dívidas na região, o que complicava ainda mais nossa situação.

Quando meu tio lhe perguntou a opinião sobre a conversa que havia tido comigo. Ele disse as seguintes palavras:

- Ha é difícil trabalhar com gente desanimada, né?

Segurei o microfone do rádio e me veio à cabeça centenas de coisas pra dizer, mas respirei fundo e me segurei. A conversa seguiu para um rumo onde o sócio duvidava de minha competência, duvidava de minha vontade. Em nem um momento deu alguma sugestão ou idéia para que pudesse sair daquela situação. Então, desliguei o rádio, pois não precisava de nada para me desestimular ainda mais. Aquelas palavras me soaram como ingratidão e me deixaram indignado.

Há duas formas de lidar com aqueles que põem nossa

competência ou vontade em dúvida, ou aceito o julgamento e desisto ou luto para demonstrar o equívoco, usando a crítica como motivação para seguir lutando.

Se alguém te criticar injustamente, faça isso! Mas faça por você e não para provar algo a alguém que não merece sua atenção.

Levantei-me e resolvi, naquele momento, que faria uma mudança, uma última cartada. Tentaria mais uma vez, pois eu sabia que não aguentaria muito tempo daquele jeito.

Avaliei as opções e cheguei a conclusão que teria que mudar de lugar, se não fosse para o local onde Mister Rolland trabalhava, seria para outro, mas tinha decidido que iria arriscar. Só não sabia como.

25. UMA FESTA REGADA A CAXIRI

Ainda irritado com a conversa ouvida no rádio, saí pelos arredores do nosso acampamento para clarear as ideias. Passei pelo acampamento do Rasta e o cheiro da maconha invadiu minhas narinas. Ele, de dentro da sua rede me chamou:

- Hey White Boy come here! (venha aqui!)

Rasta se levantou da rede e tirou o cigarro da boca oferecendo-me.

- Obrigado. Mas eu não fumo. Já estou meio ruim pela malária. - tentei explicar.

Ele riu.

- La marijuana não te deixa ruim, irmão. Ela te deixa melhor.

Sentei-me num dos tocos que serviam de banco em sua tenda e lhe expliquei:

- Estou preocupado, sabe? Aquele local onde trabalhamos tem pouco diamante.

- Você vai morrer tentando virar milionário, White Boy. Esqueça o dinheiro. A vida não é feita só de trabalho e dinheiro - falou soprando a fumaça fedida para o alto.

- E o que mais eu faria aqui? Só estou aqui por isso.

Rasta sentou-se na minha frente e como se tivesse uma grande ideia, falou:

- Você precisa se divertir um pouco. Vai numa festa comigo hoje.

- Festa? Estou acabado de malária e sem dinheiro. Não tenho forças nem pra andar...

- É aqui no Perenong mesmo. No acampamento do meu amigo Mike. Você vem comigo.

Tinha tantos motivos pra não querer ir numa festa no acampamento dos nossos vizinhos que me deu até preguiça de falar. A raiva que sentia me fez ir na contramão e resolvi aceitar. E à noite, lá fui eu com o Rastaman numa festa onde era o único convidado branco e estrangeiro.

O acampamento dos vizinhos estava rodeado de fogueiras, dentro das tendas havia muita fumaça, o cheiro da maconha estava em todo lugar. Logo cheguei à conclusão que já estava fumando a erva, mesmo sem tocar em nenhum cigarro.

Na tenda principal, um gerador a gasolina fornecia energia para as lâmpadas e uma caixa de som que tocava reggae. Rasta tocou em meu ombro e pediu que o seguisse até lá.

Mike, o dono do local, se levantou com um copo na mão e veio em nossa direção. Abraçou Rasta e fez uma cara de surpresa quando olhou pra mim.

- Você gosta de festa, White boy?

- Claro. Claro que sim. - respondi meio sem jeito.

- Hoje o velho Rolland não vai dormir. - falou e caiu na risada.

Tomou um gole da bebida e puxou uma pistola da cintura. Sua namorada se encolheu num canto. Mike mandou a menina baixar o volume e deu vários disparos para o alto.

- Escutem aqui, este aqui é o White Boy, não mexam com ele. É meu convidado. E amigo do meu grande amigo Rasta. Ok? - E disparou outra vez aos gritos.

A princípio não entendi o motivo da apresentação e recomendação, mas conforme fui notando os olhares que se direcionavam a mim, entendi perfeitamente e agradeci a Deus.

O som foi aumentado outra vez. Rasta já com um copo na mão se aproximou e gritou no meu ouvido.

- Fique perto de mim. Tudo vai ficar bem.

Isso é algo que não se deve falar pra alguém que já está com medo. Esse medo me fez ter vontade de ir embora. Mas fiquei pelo mesmo motivo.

A namorada do Mike me trouxe um copo de bebida. Eu peguei e notei que ele e o Rasta e olhavam com um sorriso no rosto.

- It´s Caxiri! - Rasta gritou

Caxiri é uma bebida tradicionalmente feita pelos índios amazônicos, de alto teor alcoólico, feito à base de mandioca.

Depois fiquei sabendo que os próprios guianenses no acampamento do Mike tinham produzido. Bebi um gole e a bebida desceu queimando. Dei uma engasgada e tossi os dois amigos caíram na risada. Eu então, tentando provar uma resistência que não tinha, virei o copo e logo pedi mais. Claro que desde o primeiro gole, eu estava embriagado. O caxiri era fortíssimo.

Depois de muitos goles, meu inglês fluía de forma excepcional. Já era madrugada e estávamos sentados ao redor de uma fogueira do lado de fora da tenda, o gerador já desligado e para onde olhava eu via corpos embriagados caídos.

- White Boy quer trabalhar em um novo local - Disse Rasta ao amigo Mike.

Mike acendeu mais um cigarro e me questionou:

- Pra onde vai, White Boy? O velho Rolland não liberou as terras dele para você não é?

Expliquei ao embriagado anfitrião para onde pretendia ir e ele riu.

- Aquele local não tem nada! O velho quer te enrolar. Depois vai tomar sua máquina. Você vai ver!

- Mister Rolland não o deixa trabalhar no seu campo. - Disse Rasta

Mike apontou o dedo para o jovem Rasta.

- Eu vou trabalhar lá um dia. Ninguém mais. Só eu. Se o velho deixar você, eu te expulso de lá, ouviu White Boy?

Concordei claro, mesmo concluindo em minha cabeça, que, se já estava difícil, agora podia ser impossível trabalhar naquele local. Não tinha como contrariar aquele maluco e seu bando armado.

Rasta bateu em meu ombro e riu.

- Não se preocupe White Boy. Mike fala isso desde que cheguei aqui. Eu resolvo isso pra você.

Em uma conversa onde rolava maconha e caxiri, eu não sabia mais o que dizer, nem quem levar a sério.

Quando o primeiro raio de sol apontou, eu consegui coragem para ir embora deixando Rasta para trás.

Mal deitei na minha rede e ela começou a dar voltas que aumentavam a cada segundo, meti o pé no chão e a freei. O vômito jorrou do meu lado.

Irmão acordado pelos urros se levantou.

- White Boy está tudo bem?

- A malária, man. A culpa é dela.

Como se o cheiro do caxiri não me denunciasse.

26. A VERDADE PRECISA SER DITA

Naquele mesmo dia, Mister Rolland apareceu no nosso acampamento, trazendo uma traíra para o jantar. O pagamento era meio grama de ouro e era feito à vista. Tirei do meu próprio ouro e paguei pelo peixe.

Ainda afetado pelo efeito do caxiri, resolvi cobrar do Mister Rolland algum novo local em sua concessão, onde pudéssemos trabalhar.

- Hey, Mister Rolland, nós precisamos olhar um novo local para minerar. Onde estamos não dá mais.

Inesperadamente ele se mostrou solidário à ideia.

- Claro. Eu vou lhe mostrar um local muito bom.

- Lá onde você trabalha? - disse sem enrolação.

Sua feição mudou. Ele se aproximou e respondeu:

- Não! Lá eu trabalho. Só eu.

Levantei-me da rede, meio zonzo e me aproximei dele.

- Mister Rolland, não aguentaremos muito tempo aqui sem fazer dinheiro. Precisamos de um bom local, será bom para você também. Olhe pra mim, não aguento mais esta malária e este sofrimento.

Mister Rolland Hamilton não gostava de mim. Não confiava em mim. Era nítido. Eu não aguentei mais seu ar calmo, sua paciência em ver minha tragédia como se fosse algo comum. Descarreguei nele toda minha ira. Ele me olhava, seus olhos nem piscavam. Então, depois de ouvir minhas reclamações, ele finalmente levantou o dedo em minha direção e disse:

- Você é muito fraco! "Too weak!" Ele gritava em inglês. João, (disse referindo-se ao antigo gerente da máquina) era forte. Mas você vive doente, não consegue trabalhar. Não importa onde trabalhe, vai morrer se ficar aqui. Perenong não gosta de fracos.

Finalmente o velho Rolland, de olhos desconfiados e sempre contido dizia o que pensava sobre mim. E isso não me deixou nada satisfeito.

- E você?- Retruquei. - Quer nos colocar só em terras ruins. Não percebe que está perdendo tempo? Até quando acha que vai conseguir trabalhar?

- Deixe-me trabalhar nas suas terras e verá se não faço diamantes - continuei.

Rambo se intrometeu e quis me defender:

- White Boy não é fraco Mister. Nenhum branco ainda estaria aqui doente como ele está. Caminhando por aí, quase caindo por causa da malária.

Olhei para o Rambo e fiz sinal para que ficasse quieto. Afinal inteligência não era com ele. Era melhor eu mesmo me defender.

- Não importa se sou fraco. - Disse ao Mister Rolland. - Estou aqui para fazer dinheiro. Deixe-nos trabalhar perto do seu acampamento. Até quando vai aguentar trabalhar?

Eu? Trabalharei até morrer. Eu sou forte. - Disse o velhinho batendo no bíceps. Então se virou e foi em direção ao seu acampamento. Irritado, gritei ainda:

- Logo, Mike vai estar trabalhando lá. Ele está só esperando que saia daqui até a cidade...

Percebi que não devia ter dito aquilo. Mister Rolland parou e se voltou para mim, com o dedo em riste outra vez.

- Ele disse isso pra você? Ele vai invadir minhas terras? Ele que tente. Olhe isso! - Disse levantando a velha espingarda cartucheira. Rambo, mesmo dotado de pouca sabedoria, riu da situação.

- Mister Rolland, o que vai fazer com essa velha espingarda? Eles têm muitas armas... - Expliquei.

- Vou atirar no primeiro que pisar nas minhas terras, é isso. - Disse saindo dali novamente.

Sentei-me na rede vendo o velho Rolland sumir na picada no meio da mata. "E agora? O que faremos?"

Tinha ficado claro que não conseguiria trabalhar nas terras perto do acampamento do Mister Rolland. Além dele mesmo não deixar, agora ainda por cima, tinha a ameaça do Mike, que queria as terras para si. Tinha que tentar outra solução. Fazer uns testes pela redondeza, talvez. Qualquer solução esbarrava na falta de dinheiro e principalmente, de crédito.

27. UM HOMEM CHAMADO TATU

Estávamos a caminho da vila, Mister Rolland e eu, para vender as pedras da última despesca, mais uma que havia sido fraca. Uma moto parou ao meu lado e alguém gritou:

- Fala White Boy! -

Percebi logo, pelo sotaque que se tratava de um brasileiro. Cabelo, como era conhecido, devido ao seu longo cabelo, claro, me ofereceu carona até a vila. Aceitei e deixei Mister Rolland para trás.

No caminho ao Kurupung, cabelo parou em seu acampamento. Mandou que servissem bolo, café e cuscuz e farofa de ovo. Uma bela refeição para quem comia mal há muito tempo.

Cabelo ficou me olhando enquanto eu devorava tudo o que me foi servido. Ele então me perguntou:

- E daí como está lá no Perenong?

Eu sabia que não precisava nem responder, minha situação era conhecida.

- Tá um pouco complicado, mas vamos tentando...

- Não sei o que tu tá fazendo lá rapaz. Longe de tudo, sem equipe. Sem maquinário bom.

"Sem saúde" pensei em dizer pra completar o drama.

- Meu irmão vai embora para o Brasil. To precisando dum gerente. Pra ficar aqui dando assistência na máquina. Puxar óleo com a moto, essas coisas. Pago cinco por cento da produção.

Eu fiquei sem resposta. E quem não ficaria? Mas será que ele não estava vendo que eu mal ficava em pé? Pois eu via que ele tinha uma máquina estruturada e que produzia, já que estava a um bom tempo no mesmo local.

- Mas eu sou gerente da máquina do meu tio no Perenong... - Expliquei.

- Você mal faz para tocar a máquina.

Enquanto mastigava um pedaço de cuscuz, fiquei pensando na possibilidade. Mas a lealdade não me permitiu deixar tudo para trás no Perenong. Então, sem querer abrir mão da oportunidade fiz uma proposta:

- E se eu trouxesse a máquina do meu tio para cá? Poderíamos negociar...

Cabelo riu.

- Não moço. Pra quê? Eu ia ter que dividir minha terra. Eu não preciso de sociedade- Justificou - Olha te faço uma última proposta, te pago seis por cento. Você toma conta de tudo. Eu vou pra cidade duas vezes por mês e fico por lá uns três dias. Preciso de alguém pra ficar de olho aqui. Tu já fala bem o inglês daqui.

Eu fiquei balançado, muito balançado, confesso. Mas recusei. Agradeci a proposta e o café. Mas não podia aceitar. Minha teimosia não deixava. Eu precisava tentar todas as opções no Perenong, se ficasse vivo, é claro.

Mas por fim, aquela proposta serviu para me dar um pouco de empolgação e motivação, afinal, alguém me via como um homem de capacidade. Eu detestava o Perenong, mas não queria ir embora sem tentar tudo o que podia.

Eu nem sabia ao certo, se estava lá por riqueza, ainda. Era uma luta entre mim e o Perenong. E eu estava levando uma surra.

Cabelo me levou até a vila. Insistiu na ideia pelo caminho. Mas, fui firme em minha decisão. Não podia simplesmente abandonar tudo no Perenong. Eu desci da moto. Apertei a mão do Cabelo. Ele sempre simpático ainda me disse:

- Rapaz, tu vai se arrepender. Eu tô fazendo uma produção boa ali.

Eu baixei a cabeça e respirei fundo, então perguntei:

- Cabelo, por que eu? Sabe que tenho pouca experiência...

Cabelo riu alto.

-Moço, não precisa experiência não. Aqui no garimpo a gente procura é gente de confiança. O resto, o cara não sendo burro ele aprende.

Agradeci mais uma vez e reafirmei minha decisão. Cabelo acelerou a moto e sumiu na poeira.

Fiquei olhando até cabelo sumir na estrada de volta. Seus elogios me deram um estímulo. Era bom ver que as pessoas me viam como alguém confiável. Apesar de parecer uma decisão errada, nunca me arrependi de ter recusado, estava com meu coração cheio de certezanaquele momento. Era pra ser assim. Minha missão era outra ali. Mister Rolland, que já me aguardava na vila, logo nos avistamos e ele então se aproximou, me chamando para fazermos a venda dos diamantes. Então voltei para minha realidade.

Vendemos nossa diminuta produção e comprei o básico para respirarmos mais uma semana.

Tatu, mais uma vez, fez um frete fiado para levar os mantimentos.

Em conversa no caminho, comentei com ele sobre a proposta do cabelo e ele me chamou de doido por não aceitar. Comentei que o objetivo era trabalhar em outros locais da concessão do Mister Rolland, estava me organizando para isso. Tinha que fazer um caixa para custear os gastos com a mudança.

Tatu insistiu, em todo o caminho, a me chamar de doido.

Chegamos ao Perenong. Descarregamos os mantimentos e o óleo. Alguns minutos depois, Tatu amarrou os galões vazios na moto. Sempre falante, naquele momento, Tatu estava calado e pensativo. Ele subiu na moto e deu partida. Antes de sair, pediu que me aproximasse e disse:

- Tu arruma o lugar pra onde quer ir, que eu faço o frete pra tu pagar depois.

- Como é? - perguntei surpreso.

- Eu faço tua mudança, moço. Vê aí pra onde é e me fala.

Acelerou a moto e então partiu pela trilha na floresta, me deixando ali, ainda surpreso pela oferta.

28. UM NOVO LOCAL

Não pensei duas vezes para colocar em prática a mudança de local. A oferta do Tatu estava mais que aceita e eu já trabalhava para mudarmos logo. Só faltava, claro, definirmos para onde iríamos.

Em conversa com o Ceará, definimos que seria uma boa opção o córrego das pedras "orelha de macaco", onde tínhamos o plano de mudarmos anteriormente.

Tínhamos que fazer uma ponte e abrir um pouco de estrada, para isso teríamos que arrumar mais mão de obra, já que eu não estava bem, adivinhem a malária me visitando, outra vez. Ceará, apesar de ser muito trabalhador, já tinha certa idade, assim como o Irmão. Só tínhamos o Rambo, que não podia fazer tudo sozinho. Além do mais, o plano era continuar trabalhando com a máquina e só parar no dia da mudança.

Para isso, teríamos que dividir a equipe em duas. Uma ficaria encarregada de abrir o caminho na mata e construir a ponte, e a outra continuaria mandando "terra". Precisávamos de, pelo menos, mais um trabalhador.

Mister Rolland se mostrou empolgado com a mudança. Eu tentava imaginar se era pela expectativa de produzir mais ou se era pelo fato de ficarmos ainda mais longe do local onde ele trabalhava.

Com tanta empolgação ele se comprometeu a encontrar mais alguém para se unir à equipe. Disse que tinha o filho de um conhecido na vila que poderia aceitar. Era inexperiente, porém jovem e forte.

Quando me diziam que alguém inexperiente queria trabalhar no Perenong, isso nem me surpreendia mais. Tinha até pensado em colocar isso como requisito básico.

Mister Rolland, cumpriu o prometido e trouxe o filho do seu conhecido para trabalhar conosco. Seu nome era Billy, ou pelo menos era como o chamavam.

Billy era um jovem negro guianense. Bastante calado, não tinha experiência alguma, mas fazia tudo o que era proposto.

Delegamos a ele e Rambo o trabalho de abrir caminho até o novo local e construir a ponte por onde passaríamos com as máquinas.

Enquanto isso, no barranco, Ceará sofria trabalhando com Irmão e também comigo, que sempre parava para respirar e vomitar um pouco.

Uns dias se passaram e logo vimos que abrir o caminho demoraria mais que o esperado. Além disso, eu quase não aguentava trabalhar, nem no barranco, nem na floresta.

Ceará e eu decidimos parar a máquina mais cedo todos os dias e fazer uma "prospecção" do novo local.

A prospecção consistia em pesquisar uma área através de pequenas perfurações no solo e coleta de material, que depois eram lavados e peneirados para se confirmar a presença ou não de ouro e pedras preciosas.

Abríamos pequenos buracos no solo com picaretas e pás e depois lavávamos no córrego que passava por ali.

Acontece que nossa prospecção não estava nada animadora. Nem ouro nem diamantes. Cavamos buracos por três dias e em nenhuma das extrações tivemos algum sucesso. Era desanimador.

Eu até tentava ser otimista, dizendo para mim mesmo que no barranco onde trabalhávamos, também não tínhamos encontrado nada na prospecção, mas no fundo sabia que era um otimismo tolo.

Depois de mais um dia de pesquisa, voltávamos para o acampamento, acompanhados por Mister Rolland.

Cansados, Ceará e eu, carregávamos as ferramentas e peneiras quando Mike, nosso simpático vizinho passou por nós com seu quadriciclo. Mais à frente, ele freiou bruscamente e deu a volta, parando bem em nossa frente. Mister Rolland "fechou" a cara e seguiu em frente. Mike o provocou:

- Mister Rolland, obrigado por não colocar esses brasileiros na terra do seu acampamento. Lá sou eu quem vai trabalhar.

As palavras com ar de deboche fizeram Mister Rolland parar e se virar.

- Nunca. - E seguiu andando.

Mike caiu na risada. Parecia apenas querer provocar o velho

Rolland.

- Você não vai ficar aqui no Perenong para sempre, velhote - Gritou Mike para o Mister Rolland que se afastava.

- Quando você for para a cidade eu vou colocar minha máquina dentro do seu acampamento - Gritou ainda mais alto.

Aquilo pareceu um estopim para o calmo Mister Rolland. Ele voltou caminhando a passos largos até onde estávamos. Levantou o dedo em riste na direção do Mike e disse:

- Está dizendo que vai invadir minha terra?

- Não, claro que não. Estou dizendo que vou trabalhar em uma terra abandonada, se não estiver aqui.

- Na minha terra, nunca. - Disse Mister Rolland.

- Para quê guardar aquele local, velhote? Não vai conseguir trabalhar em toda aquela terra sozinho. Deixa de ser egoísta. - continuou provocando Mike.

- Eu não sou egoísta. Mas a terra é minha, eu coloco quem eu quero lá.

Mike gargalhou mais uma vez.

- Você colocar alguém lá? Quem seria louco de acreditar nisso?

Mister Rolland sapateou ao redor do quadriciclo e disse olhando para mim.

- Eu vou colocar o White Boy -

Mike parou de rir e me encarou. Eu desviei o olhar sem entender a situação.

- Agora você parou de rir - Disse o velho Rolland.

- Sim. Agora você me deixou zangado. Sabe que não vou permitir isso nunca, não é?

- A terra é minha, faço o que quiser - retrucou Rolland.

Mike deu partida no quadriciclo e saiu patinando.

- Isso nós vamos ver, velhote - Gritou.

Eu fiquei sem palavras. Será que o velho Mister Rolland Hamilton tinha decidido, enfim, compartilhar sua tão protegida e falada terra conosco?

Percebi que ele estava muito zangado e não toquei no assunto naquele momento. Mas faria isso na primeira oportunidade.

Afinal, todo esse tempo no Perenong, era o que queríamos. Era nossa maior esperança.

Naquela noite eu não dormi. E não foram as fortes dores no corpo por causa da malária, mas a ansiedade, quando lembrava-me das palavras do Mister Rolland. E também relembrando as palavras do Mike na noite da festa. Mesmo que Mister Rolland deixasse, Mike cumpriria o que falou? Ele nos deixaria trabalhar naquele local em paz? Como enfrentaríamos dezenas de guianenses armados e chapados com marijuana?

Uma possibilidade tão boa estava mais próxima do que nunca, mas vinha acompanhada de uma péssima possibilidade. A noite foi longa.

29. UM BASEADO PARA CLAREAR AS IDEIAS

No dia seguinte, logo após o café, nos preparávamos para o trabalho, quando Mister Rolland apareceu no nosso acampamento trazendo o peixe para o almoço, como já tinha virado costume.

Rastaman estava ali, usando o rádio. Mister Rolland olhou para ele com a cara feia e passou sem cumprimentá-lo.

Eu, que já estava preparado para procurá-lo, puxei logo o assunto do dia anterior:

- Mister Rolland, precisamos combinar sobre a mudança que falou ontem.

Ele olhou para mim como se não entendesse o que falava.

- Sobre o quê? Não me lembro.

- Você falou ao Mike que vai nos deixar trabalhar lá no seu acampamento.

- Ha. Aquele estúpido me faz perder a calma e dizer coisas sem sentido.

- Como assim? Você disse isso. Na minha frente e do Ceará.

Ele riu.

- Ho! Ceará não entende nada do que falo.

- Mas eu entendo. E sei que disse isso - respondi

- Eu já dei outra área para você trabalhar, agora volta com essa conversa.

- Vai deixar o Mike invadir sua terra então?

O velho Rolland tira o velho boné da cabeça e sapateia

pelo acampamento resmungando algumas palavras. Rambo se aproxima dele e diz:

- Deixa a gente trabalhar lá homem. Se nós fizermos dinheiro, você vai fazer também.

Um argumento muito convincente. O velho Rolland coça a cabeça e permanece em silêncio.

- Você sabe que Mike é doido. Ele vai invadir sua terra...

Antes que Rambo possa concluir, Mister Rolland lhe responde:

- Eu não tenho medo desse estúpido. Mas ele não vai deixar vocês trabalharem lá. Há anos me incomoda por causa da minha terra. Se eu deixar, vou colocar a vida de vocês em risco.

Eu, que tinha passado a noite toda pensando no que iria fazer me manifestei imediatamente:

- Só libere a área, Mister Rolland. Deixe que nos preocupemos com o Mike.

Todos me olharam, como se perguntassem "como vai fazer isso?".

- Se continuarmos desta maneira, vamos morrer de fome aqui. E você não vai ter renda alguma da nossa máquina. Libere o local e vamos pensar sobre Mike.

- Não vejo saída... - Mister Rolland falava quando percebemos que o Rastaman estava com a mão levantada tentando nos dizer algo.

- Excuse-me... (Com licença)

Mister Rolland olhou para o jovem Rastafári com desprezo.

- Estamos falando de algo sério aqui...

Rastaman com toda sua lerdeza, levantou-se e insistiu em falar.

- Desculpe, eu não quero ser intrometido, mas posso resolver esse problema com Mike.

- Sua cabeça está afetada pela marijuana, rapaz - Disse Mister Rolland.

- Não. Ainda não. - Respondeu o Rasta.

- Como pode resolver isso, Rasta? - Perguntei.

- Vai ouvir o que esse maluco tem pra falar? - Irritou-se Mister Rolland.

- Deixe-o falar, Mister Rolland. Precisamos contar com todas as possibilidades. - Lhe disse.

Rasta então tirou um baseado do bolso e o acendeu. Mister Rolland se afastou, contrariado. Rasta riu e deu uma baforada.

- Este é o primeiro do dia. Para minha cabeça pensar melhor. Só um momento.

Todos observaram, pacientemente, enquanto Rasta fumava seu "cigarro", o fedor invadiu o acampamento. Billy se aproximou:

- Cheira muito bem, homem. - Disse

- Yeah - respondeu Rasta.

- OK. Vai nos dizer algo Rasta? Precisamos trabalhar - eu disse interrompendo a viagem.

- Yes. Eu vou falar com Mike. Ele vai deixar vocês trabalharem em paz, nas terras do Mister Rolland Hamilton.

Mister Rolland riu.

- Você? Não, não. Como espera conseguir isso? Eu não acredito.

- Tudo o que precisa dizer é se vai deixar White Boy mudar suas máquinas para o seu local - Cobrou Rasta.

Todos nós olhamos para o Mister Rolland Hamilton, esperando sua resposta, afinal não tinha mais desculpas.

- E então Mister Rolland? O que me diz? Se não deixar vou levar nossa máquina para outras terras - Pressionei.

O velho guianense balançava a cabeça, contrariado.

- Vão levar semanas para abrir uma estrada nova e construir uma ponte para lá - Argumentou ainda

- Não tem problema. Vamos fazer - Disse, mesmo sabendo que Rolland tinha razão.

Rasta manifestou-se outra vez.

- Eu sei de um jeito. Podem usar a ponte que leva ao acampamento do Mike, assim ficará apenas um pequeno pedaço de estrada para ser feito.

Era uma ótima ideia. Mas eu começava a achar que o baseado começava a fazer efeito no jovem rastafári. Afinal, conseguir que Mike nos deixasse trabalhar em paz nas terras do Mister

Rolland já seria um feito e tanto, agora acreditar que Mike nos deixaria cruzar pelo seu acampamento com nosso maquinário era demais. Começava a pensar que o Rasta estava numa viagem fora da realidade.

- Eu vou lá agora - Disse o Rasta, se levantando e pisando sobre um toco diminuto do baseado que jogou no chão.

- Espere aqui, White Boy. Eu volto logo. Não saia daqui!

Fiquei observando o jovem rastafári entrar na mata em direção ao acampamento do Mike e me perguntando se não estava sendo ingênuo demais em acreditar nele.

Todos saíram para trabalho. Mister Rolland saiu em direção ao seu acampamento. Eu permaneci no acampamento. Com receio de estar perdendo tempo, mas com uma pequena esperança me segurando ali e fazendo-me acreditar.

Se o Rasta não conseguisse, ou não voltasse, eu iria passar uma grande vergonha diante da minha equipe por deixar minhas decisões à mercê de um jovem maconheiro. Mas, às vezes, situações atípicas e fora do nosso controle requerem decisões também atípicas. Sentei-me, respirei fundo e fiquei olhando para o enorme paredão rochoso no horizonte.

30. RASTAMAN, O NEGOCIADOR

As horas se passaram e cada vez mais o sentimento de ter sido ingênuo aumentava. Levantei para providenciar o almoço, já que tinha ficado no acampamento. Peguei o peixe do balde com água de onde estava e o coloquei sobre a tábua do girau, quando ouvi o ronco de um motor de moto. As visitas eram raras ali no Perenong. Devolvi o peixe ao balde e saí para ver quem chegava. Ouvi uma voz gritando meu nome, apelido, melhor dizendo, antes mesmo de visualizar quem chegava.

Quando a moto surgiu no acampamento, para minha surpresa, era o Rasta que vinha na garupa de Mike, gritando:

- White Boy! White Boy! O que eu te disse? Eu consegui!

Mike e Rasta, aparentemente, estavam sob o efeito de alguma substância (novidade). Os dois riam alto. Rasta apeou da moto e correu até mim e me abraçou.

- White Boy, eu fico feliz por você. Vai poder trabalhar onde sempre quis.

Ainda meio atordoado, fiquei sem reação, olhando para Mike que se aproximava. Ele chegou e estendeu-me a mão.

- Congratulations (parabéns) White Boy! Agora você vai sair desta crise. - Disse, balançando vigorosamente meu braço.

Rastaman vendo que eu estava sem entender a situação, explicou.

- White Boy pode usar a ponte e a estrada do Mike para mudar seus motores para o acampamento do velho Rolland.

- Ninguém vai incomodá-lo. Já dei ordem para todos meus rapazes. Podem passar tranquilamente. Eu quero ver vocês fazendo muito dinheiro na terra daquele velhote. - Disse Mike.

- Obrigado. Muito obrigado. - Era só o que eu dizia, ainda sem absorver a situação.

- Ok. Agora eu preciso ir trabalhar um pouco. Rasta me mata com essa erva - Falou Mike subindo na moto e partindo acelerado.

Olhei para o Rasta e curioso perguntei:

- Como fez isso?

Rasta deitou-se na rede de alguém e bocejou. Depois disse com naturalidade:

- Muito simples. Eu disse a Mike que Rolland havia dito que você jamais iria trabalhar lá se dependesse de passar nas terras do Mike - E caiu na risada.

Eu tinha minhas dúvidas. Pois havia um Mike sob o efeito da marijuana e outro Mike sem a erva. Decidi que deveria correr, então. E pedi ao Rasta que não deixasse faltar a erva ao homem.

Quando todos vieram ao acampamento para o almoço, dei a boa notícia.

Todos vibraram. Principalmente Rambo e Billy, que estavam abrindo a estrada nova. Para mudarmos para o local onde Mister Rolland trabalhava, não precisaríamos abrir nem um palmo de estrada, era só carregar os motores e partir.

Pelo rádio, deixei recado para Tatu, que viesse até o Perenong, com sua moto e seu reboque para fazermos a mudança. Ficou combinado, então, para o dia seguinte.

Naquele mesmo dia, à tarde, fizemos a limpeza da resumidora. A produção foi pequena mais uma vez. Mas ajudaria em algumas despesas da mudança.

Nosso acampamento continuaria no mesmo lugar, apesar da distância, isso nos ajudaria a ganhar tempo.

No dia seguinte, quando Tatu chegou, já havíamos desmontado todo o maquinário, enrolado as mangueiras, enfim, com tudo pronto para a mudança. Tatu chegou falante como sempre:

- Rapais, vocês já fizeram toda aquela estrada? E a ponte?

- Agora "nóis" vamo mudá pra terra rica…Lá no barraco do véio Rollon - brincou o Ceará.

- É memo? Que beleza. Então lá tem mais rumo? - Perguntou Tatu.

- Pelo menos é o que dizem né? - Respondeu o Ceará meio incrédulo.

- Era o local que a gente queria o tempo todo né. Então agora vamos tirar a prova. Se for uma lenda ou for verdade essa terra lá. - Disse ao Tatu.

- Então "bora" lá.

E assim começamos a nossa tão esperada mudança de local. Eu estava cheio de otimismo. Só o tempo provaria se era um otimismo tolo ou se confirmaria a lenda em torno das terras do Mister Rolland Hamilton.

Tive que me segurar para conter minha euforia. Depois de tantos dias sofrendo naquele lugar, finalmente teríamos uma nova sorte. Eu estava confiante que, enfim, alcançaríamos o sucesso no famigerado Perenong.

31. NEM TUDO O QUE RELUZ É DIAMANTE

Terminamos de arrumar a primeira carga, onde colocamos a resumidora e algumas outras coisas. Rambo e Billy, os mais jovens e fortes, foram com a moto para a primeira descarga. Eu e o Ceará fomos acompanhando a pé, dado que a moto tinha que andar bem devagar, já que a estrada por ali era bem ondulada.

Cruzamos a ponte e chegamos ao acampamento do Mike, onde sua equipe fazia o lanche da manhã, todos nos acompanharam com olhares nada amistosos, enquanto cruzávamos suas terras. Não vi o Mike, e fiquei torcendo para não ver. Sua instabilidade emocional me fazia pensar que apareceria a qualquer momento, atirando em nossas cabeças.

Passamos. Quando chegamos ao acampamento do Mister Rolland, a primeira coisa que vi foi a enorme pedra onde sua tenda ficava escorada. Lembrei-me da história do garimpeiro que havia "bamburrado" com os diamantes que encontrou embaixo de uma pedra. Paramos ao lado da tenda e começamos a desamarrar as cordas. Mister Rolland surgiu detrás da pedra, questionando o que acontecia.

- Estamos descarregando o maquinário...

- No, no, no - me interrompeu - Aqui não.

- Lá. Do outro lado - Disse apontando para um local a uns vinte metros dali.

- Disse que íamos trabalhar aqui! - Questionei sem entender.

- Aqui? Quer derrubar minha casa?

Fiquei sem palavras e comecei a perceber que havia sido enrolado pelo velho guianense. Não tínhamos combinado exatamente o local. Mas sempre, todas as vezes que falamos em trabalhar ali, tinha deixado claro que era onde ele trabalhava. Onde havia o cascalho branco meio azulado que era lindo de se ver. Eu já via até o brilho dos diamantes ali no meio.

- Mister Rolland, é aqui que queremos trabalhar. É aqui que tem diamante - Insisti

- Não! Aqui eu trabalho. Toda esta região tem diamantes. Podem descarregar as máquinas lá.

Depois de vários minutos de discussão, onde todos entraram na "briga", Mister Rolland percebeu que a pressão estava grande e decidiu deixar que começássemos um pouco mais perto do seu acampamento.

- Tudo bem - Disse eu ao Ceará – Depois vamos nos aproximando mais. Importante é começar logo por aqui.

Descarregamos a resumidora e corremos buscar outra carga. Ao final daquele dia, conseguimos transportar todos os equipamentos.

Ao entardecer, Tatu partiu de volta ao Kurupung, de onde voltaria no dia seguinte, trazendo uma carga de óleo diesel.

No outro dia de manhã, quando Tatu chegou, já estávamos com tudo pronto para a primeira "mandada" de terra.

Ligamos os motores, finalmente. Uma satisfação foi tomando conta naquele momento. O barulho dos motores ecoando pela floresta, o barulho do vai e vem das peneiras, o cascalho caindo na resumidora. Aquilo era a paz para um garimpeiro.

O material era lindíssimo. Como o Ceará dizia: "Se esse material aí não for rico, nenhum outro é."

A equipe estava animadíssima. Até meus enjoos diminuíram diante daquele cenário.

Trabalhamos o resto do dia sem problemas e decidimos que depois de dois dias, gastando metade do nosso óleo, faríamos uma despesca. Para termos uma noção da produção por ali.

E assim o fizemos. Dois dias depois, trabalhando sem problemas, fizemos nossa primeira despesca no famoso barranco do Mister Rolland Hamilton.

O otimismo demasiado nos faz realmente tolos. A euforia e empolgação atrapalham nosso raciocínio. No garimpo, quando depositamos todas nossas fichas e nossa confiança numa coisa, ela nos mostra a realidade, nesse caso, ela foi cruel, fria e não se importou nem um pouco com nossas ambições, outra vez. Sei que soa repetitivo, mas foi me senti exatamente como no barranco da dama rica.

Nosso primeiro "barranco" no novo local, não nos rendeu uma pedra de diamante sequer. Nada. Olhávamos uns para os outros sem entender. E a história toda em torno daquele lugar? E a lenda?

Sentei na beira do córrego e arranquei dos pés as botas de borracha cheias d'água. Lavei o rosto nas águas frias e fiquei ali por um tempo, ignorando as conversas e o alvoroço da turma ao meu redor.

Várias coisas passaram pela minha cabeça. Seria ali o fim da linha? Estaria certa a bruxa do rio? Eu teria que comer traíra com arroz ainda por muito tempo? Esta, talvez, fosse a única certeza.

Decidimos deixar a máquina parada o resto daquele dia. Limpamos a caixinha do ouro e dividimos algo em torno de dois gramas para cada um. Eu fazia questão disso, pois sem produção alguma de diamante, aquele ouro ajudava a manter os trabalhadores, que sem ganhar nada, dificilmente ficariam ali. Depois fomos todos ao acampamento. Lá, eu e o Ceará conversamos sobre nossas próximas atitudes.

Decidimos, depois de muita conversa, que quebraríamos uma montanha de "mucururu", uma formação geológica dura, que quando triturada solta uma coloração vermelho-ferrugem. Esse mucururu formava uma crosta endurecida por boa parte da área onde estávamos. Era comum, em várias regiões, ter concentrações de diamantes e ouro nessas formações.

Íamos quebrar na picareta e mandar para a resumidora, com a água sugada pela "maraca". Faríamos isso no dia seguinte.

32. OS COBRADORES

Depois de uma grande euforia, com a mudança e a expectativa com o novo local, veio o desânimo mais uma vez. Por isso que dizem por aí, crie qualquer coisa, menos expectativa. Mas, qual nossa opção? Tínhamos conseguido trabalhar onde tanto almejamos. Era pra isso causar uma euforia mesmo.

Levantei da rede, desanimado, pelo fracasso da primeira despesca e pelas dores causadas pela minha "companheira" de sempre, a malária.

Fomos à luta. E a luta do dia era contra um inimigo chamado mucururu, duro e cortante. Tirávamos uma lasca, e depois a triturávamos na picareta e com uma marreta que conseguimos emprestada.

Depois ia tudo para a boca da maraca e era sugado até a resumidora.

A cor da água misturada aos fragmentos de mucururu parecia sangue, olhava para a turma no barranco e pareciam todos desanimados. Compreensível, já que além de não ter produção, tinha deixado o trabalho ainda mais duro, com aquela quebradeira de rocha.

Meu rendimento estava muito abaixo do ideal, ajudava a "catar" umas raízes, tirar umas pedras maiores do caminho da maraca e era isso.

Às vezes ficava no jato d'água, mas logo a dor nas costas me fazia desistir.

Parecia mais um dia normal no Perenong, até que surgiu uma moto no nosso barranco. Era o homem conhecido por irmão, no Kurupung. Ele estava acompanhado de outro homem na garupa, e traziam um reboque atracado na moto. Eu catava raízes no momento em que chegaram. Os dois permaneceram parados na beira do barranco por um tempo. Até que irmão fez um sinal chamando-me e fui até ele.

Percebi que os dois homens estavam com armas debaixo das camisas. Irmão era um homem sempre muito educado, me cumprimentou com um aperto de mão. O outro homem se manteve afastado. Percebi logo que se tratava de um capanga.

- E aí, como tá? Deu trabalho achar vocês aqui. Lugarzinho longe e escondido. - Disse Irmão.

- Pois é. Aqui é o famoso Perenong. Longe de tudo. - Respondi meio sem graça.

- E os Diamantes? - Me perguntou olhando para nosso barranco.

Respirei fundo.

- Começamos agora aqui né. A fama do lugar é grande, vamos ver...

- Sim, eu já ouvi falar - Disse ele - Aqui é onde o velhinho trabalha sozinho né? Dizem por aí que tem a "pedra".

Rimos juntos. Irmão, então andou por ali, pegou alguns

punhados de cascalho com a mão, foi até nossa resumidora, olhou seu funcionamento por um tempo e depois voltou para perto do outro homem, os dois conversaram por alguns minutos e então irmão me chamou outra vez.

- Olha, WhiteBoy...É assim que te chamam aqui né?

- Sim, mas meu nome é Rogério.

- Você sabe que esta máquina me deve há um bom tempo. Aquele antigo gerente ou sócio do seu tio, não sei...e o outro que tomava conta aqui, compraram comigo e nunca recebi nada - me explicou.

Antes que me falasse, claro que eu já sabia que tinha vindo cobrar a conta, só estava com receio do que tomaria como pagamento. Ele continuou:

- Eu vim aqui hoje, como você pode ver, trouxe até a carretinha, porque eu ia levar um motor comigo. Vim aqui pra isso. Decidido a fazer isso.

"Ia levar" ele falou. Então, pensei comigo, ele desistiu?

Irmão colocou a mão sobre meu ombro e completou:

- Eu encontrei você aqui, todo sujo, nessa lama aí, catando pedra e raiz e decidi que não vou fazer isso. Você está trabalhando. Eu reconheço isso.

Não era algo para se orgulhar, mas o homem sentiu pena de mim. Por um lado foi bom, pois ele viu que não mentia quando, nas várias vezes que o encontrei na vila, dizia que não tinha como pagar a conta.

Agradeci ao Irmão pela consideração e lhe prometi, mais uma vez, que assim que possível, pagaria algo da dívida. Ele e seu capanga subiram na moto e partiram.

Respirei fundo, aliviado, enquanto os observava indo embora. Imaginava o que seria de nós se um dos nossos motores estivesse sendo levado naquela carretinha.

Pulei para dentro do barranco, com um estímulo a mais para trabalhar. Numa visão otimista do que aconteceu, poderia considerar que nossa situação poderia ter piorado consideravelmente.

33. DE ONDE ME VEM O SOCORRO

Com o restante do óleo diesel que tínhamos, ainda conseguimos trabalhar por dois dias e meio. Paramos os motores numa quinta feira à tarde e resolvemos deixar a despesca para o dia seguinte.

De manhã, assim que o dia clareou, enquanto nos preparávamos para a despesca, Mister Rolland apareceu furioso, em nosso acampamento.

- Roubaram nosso ouro! - gritava ele, se referindo à caixinha que ficava perto da resumidora.

- Como assim? - perguntei.

- Alguém aqui roubou nosso ouro - Disse ele com convicção.

Olhamos uns para os outros e ficamos tentando imaginar de onde ele havia tirado aquela conclusão. Mister Rolland então se virou para Billy e perguntou:

- Onde estão suas botas, Billy?

Billy ainda estava de chinelos e apontou para dois gravetos ao lado de sua rede, onde deixava as botas escorrendo a água. Mister Rolland pegou uma das botas e disse:

- Agora todos me acompanhem até a máquina. Você também Billy!

Chegando ao barranco o velho Rolland se abaixou na areia ao redor da caixinha e segurando a bota do Billy disse:

- Eu sabia. Olhem a marca na areia. Só a bota do Billy tem essas marcas.

Realmente a bota do Billy era a única com aquelas marcas. Mister Rolland então apontou a velha espingarda na direção do jovem guianense, que se manteve calado o tempo todo. Voltamos ao nosso acampamento, onde Mister Rolland revirou a bolsa do Billy e encontrou o ouro roubado, e também o ouro que eu havia pagado alguns dias atrás. Mister Rolland pegou todo o ouro e disse ao Billy:

- Fora das minhas terras. Pegue suas coisas e vá embora agora.

Billy foi ajuntando suas roupas jogadas pelo chão e colocou na bolsa. Calçou as botas que o denunciaram e antes de sair falou para mim:

- O ouro que você me pagou. Esse eu quero levar, pois não roubei.

Antes que eu pudesse responder, Mister Rolland se aproximou e lhe cutucou com o cano da espingarda.

- Dê o fora daqui! Não vai levar ouro algum. Você é um ladrão. Eu atendi a um pedido do seu pai e te arrumei o trabalho, mesmo sabendo como você era. Você me traiu. Vá embora.

Então o velho Rolland tinha me indicado um rapaz que já tinha problemas com isso, não é? Por isso chegou a uma conclusão, tão rápido. Billy ainda tentou argumentar e eu entendi seu ponto de vista, mas Mister Rolland o expulsou sem nada mesmo. Não achei justo o desfecho da história. Mas não questionei Mister Rolland, que depois me devolveu o ouro do rapaz.

Depois da confusão fomos ao barranco realizar a despesca da resumidora.

Desta vez, aprendi a lição e não criei expectativas.

Não mudou quase nada. Duas pedras de diamantes. Duas diminutas pedras. Não cobririam as despesas para um novo turno de trabalho.

Desta vez o silêncio tomou conta do barranco. Ninguém falou nada.

Mergulhei no córrego como de costume, já tinha virado um ritual, para esfriar a cabeça. Fui para o acampamento. Lá senti alguns calafrios e a febre voltando. Deitei em minha rede e fiquei olhando para o enorme paredão rochoso no horizonte. No rádio, alguém tinha sintonizado uma estação onde tocava a música Ordinary World, do Duran Duran, "And I don't cry for yesterday. There's an ordinary world..."

Como as canções ativam nossa memória. Momentos tidos como esquecidos, vêm à tona com riqueza de detalhes quando se ouve a música tocada numa situação marcante. Aquele foi um desses momentos. Um momento difícil, mas de grande ensinamento. E até hoje essa música, que ouvi naquele dia, reativa minha lembrança.

Apenas eu e Ravi, estávamos no acampamento naquele momento.

Ravi se aproximou e sentou-se ao meu lado. Nas mãos ele tinha a sua Bíblia e a outra, que estava rasgada. Ele pediu licença e me entregou a Bíblia velha, depois abriu a sua e me pediu que abrisse a página correspondente e então leu em voz alta, enquanto eu o acompanhava na Bíblia em português. Ele leu alguns versos dos Salmos que diziam assim:

"Levanto os meus olhos para os montes e pergunto: De onde me vem o socorro"?

O meu socorro vem do Senhor, que fez os céus e a terra.

Ele não permitirá que você tropece; o seu protetor se manterá alerta, sim o protetor de Israel não dormirá; ele está sempre alerta!"

Aquelas palavras, enquanto as lia e Ravi as pronunciava em inglês, foram trazendo-me certa paz e me acalmando da angústia e solidão que sentia.

Ravi continuou:

"O Senhor é o seu protetor; como sombra que o protege, ele está à sua direita. De dia o sol não o ferirá; nem a lua, de noite. O Senhor o protegerá de todo o mal, protegerá a sua vida. O Senhor protegerá a sua saída e sua chegada, desde agora e para sempre."

E assim, depois de ler, Ravi me olhou com seus olhos estáticos e me disse calmamente:

- Você não precisa continuar... Cuide de sua saúde. Já fez tudo o que podia.

- Eu preciso achar uma saída. Ou ficarei sozinho aqui, sem garimpeiros. - lhe respondi.

- Eu ficarei aqui Rogério, enquanto me permitir. Mas não são os garimpeiros que te farão ter sucesso aqui.

Respirei fundo me esforçando pra entendê-lo. Eu precisava de trabalhadores, como poderia produzir algo? Ravi seguia uma lógica muito simples. Resolvi dar-lhe um exemplo:

- Olhe para o garimpo do Mike, Ravi. Como ele mantém todos aqueles garimpeiros, deve produzir algo.Ravi sorriu serenamente e respondeu:

- Rogério, esta não é a vida que você quer, você trabalha aqui para depois ter a vida que quer. Aqueles homens querem esta vida. Não almejam ter outra vida. Eles não tem outro objetivo. Você pensa diferente deles e por isso não precisa ficar aqui.

Fiquei pensando naquelas palavras e me veio à memória a bruxa do rio. Já havia contado aquela história várias vezes ali para a turma, Ravi a conhecia também.

- Então a bruxa do rio disse a verdade? Como uma bruxa pode ter esse tipo de poder? Eu sempre achei que isso era coisa dos profetas. - Disse a Ravi.

Ele se levantou e tocou em meu ombro.

- Muito simples, Whiteboy. Ela não era uma bruxa. Essa é a resposta.

- Quem era ela então?

-Pense, Whiteboy. Pense. - Disse ele cutucando a cabeça com o dedo indicador.

Suas palavras me deixaram ainda mais pensativo.

Então se afastou sem dizer nada mais. Eu me virei para o monte outra vez e como o sol já estava se pondo, seus raios batiam contra o paredão rochoso causando um show de cores que eu, em todos os meses de Perenong, nunca tinha me atentado.

"Você não está sozinho", me veio novamente à cabeça a frase que Ravi havia dito em outra ocasião.

Aquele momento me serviu de acalento, consegui me desligar dos pensamentos acelerados e adormeci.

34. BILLY THE THIEF

Billy o ladrão

A cordei ardendo em febre. Levantei da rede com dificuldade, tamanha era a dor no corpo. Senti o cheiro da lenha queimando no fogão e corri até a beira da mata para vomitar.

Depois fui até minha mochila pendurada no pé direito do acampamento pegar um analgésico, procurei-o pelo fundo da mochila e acabei pegando, por acaso, meu "Work Permit" ou permissão de trabalho, em português, junto estava um contrato feito com o Mister Rolland, lá dizia que minha área de trabalho era em toda a extensão das suas terras. Segurei os papéis e comecei a ter algumas ideias.

Teriam que ser boas ideias, pois aquele era pra ser um dia difícil, tinha que tomar uma decisão sobre nosso futuro. "Mas precisava ser tão difícil?" pensei.

Sentei-me à mesa de madeira rústica e logo a equipe toda veio até mim. Ninguém me perguntou nada, logo perceberam que estava mal. Tomei um gole do café feito por Ravi e quase vomitei outra vez.

Respirei fundo e me levantei dizendo a todos:

- Pessoal, a única saída agora é todos vocês devolverem o ouro da caixinha...

Eles me olharam espantados.

- Não tenho como comprar diesel, não tenho crédito. É a única alternativa.

Ravi imediatamente levantou, foi até sua bolsa e voltou com o ouro em mãos.

- Aqui está a minha parte, pode usar.

Os outros concordaram e fizeram o mesmo.

- Mas e "vamo trabaiá no mesmo lugar"? - Perguntou Ceará.

- Bom pessoal - Respondi - Não tem alternativa agora. Não temos condições de fazer outra mudança. Quando mudamos, a gente entendeu que ia trabalhar onde Mister Rolland trabalha, ali perto do barraco dele. Mas não foi bem assim, ficamos roendo ali em redor e não pegamos o material bom.

- O véio Rollão enrolou nóis - Disse Ceará caindo na risada.

- Então agora vamos fazer o seguinte: - Eu vou até a vila, vender esse ouro aí e essas pedrinhas, compro diesel e mando trazer hoje ainda, até o meio dia. Enquanto isso vocês mudam o poço da maraca para o outro lado e a tarde já mandam o cascalho que entra ali para o lado do barraco dele.

Explicava que íamos trabalhar perto do acampamento do Mister Rolland, claro que não ia pedir autorização, ele estaria comigo na vila. Na prática não seria um ato desonesto, pois em nosso contrato, no papel nos dava direito a trabalhar em qualquer local de sua concessão. Isso criaria uma confusão, era certo. Mas estava farto daquele sofrimento.

Tudo acertado, chamei Mister Rolland e disse que partiria naquele momento para a vila, para vender o ouro e os diamantes que tínhamos. Ele estava dentro do seu pequeno barranco, com seu velho prato esmaltado, procurando diamantes. Levantou a cabeça e me respondeu:

- Eu vou só ao final do dia

- Como assim? - Questionei - Tem que me acompanhar na venda.

- Pode vender sozinho. São só algumas pedrinhas...

O velho Rolland, mesmo sem querer, estava sabotando meus planos. Mas como não tinha saída, decidi manter o plano. Parti sozinho em direção ao Kurupung e disse à equipe que seguisse o combinado.

Tinha tomado um banho nas águas frias do córrego e a febre tinha baixado um pouco, mas a dor no corpo ainda era forte. Andar cinco horas daquele jeito não ia ser fácil, mas já tinha feito num estado pior.

No meio do caminho, comecei a sentir ânsia. Como a dor no meu abdômen era insuportável, tive que me esticar, ficar deitado no chão com a cara na terra para conseguir vomitar.

Naquele momento, Tatu passou por ali. Ao me ver deitado, na beira da estrada, parou a moto.

- Rapais, tu tá ruim hein? - Disse ele.

Eu fazia força para me levantar. A relação com Tatu já não era a mesma, não tinha conseguido pagar pela mudança e alguns fretes que ficaram para trás. A simpatia de sempre que via nele, já não existia.

- Eu tô com um compromisso. Na volta te dou uma carona - Falou e saiu acelerando sua moto.

Talvez em nenhum outro momento, precisei tanto de uma carona, mas não o culpava. Ele já tinha me ajudado muito. Descansei ali por alguns minutos e consegui chegar na vila. Parei na mercearia do piloto, na entrada da vila e peguei um suco de laranja. Sentei em um banco do lado de fora e bebi alguns goles, quando um homem chegou em uma moto e parou ao meu lado.

- White Boy é você? - Perguntou em inglês.

Olhei para o homem e pensei em dizer que não, afinal não tinha documento que provasse que era.

- Eu sou policial. Meu chefe mandou levar você até a delegacia - Disse o homem fazendo sinal para que subisse na sua garupa.

"Pelo menos não vou ter que andar até lá." Pensei.

A delegacia do Kurupung era um prédio antigo, uma construção que mesclava madeira com pedras rústicas. Ficava no ponto mais alto da vila, de onde se avistava as águas do rio Mazaruni. Na parte debaixo do prédio, feita de rocha, havia algumas pequenas aberturas com grades de ferro. Imaginei que ali seriam as celas.

O policial me levou até o capitão, um homem simpático e falante.

- Então você é o White Boy? Famoso White Boy - disse

- Meu é Rogério... - Antes que eu terminasse ele gritou para alguém na sala ao lado.

- Ei garoto! Venha cá!

Para minha surpresa, Billy surgiu da sala.

- Você o conhece, White Boy? - Perguntou o capitão.

- Sim, ele trabalhava comigo... - Outra vez o capitão me interrompeu antes que acabasse.

- Ok. Você sabe por que ele está aqui?

Eu nem imaginava, mas era algo ruim pra mim com certeza - Não - Respondi apenas.

- Diga para o White Boy, Billy. - Disse o capitão.

- Ele roubou meu ouro! - Acusou Billy, revoltado.

- O quê? Ele quem me roubou...

O capitão não me deixava falar.

- Espere! Billy me disse que pegaram o ouro da bolsa dele. Ouro pelo qual ele havia trabalhado. Você está com esse ouro, White Boy?

Era surreal, eu estava ali sendo acusado de ter roubado o ladrão. Não tinha concordado com a atitude do Mister Rolland e agora ainda estava respondendo por isso.

- Capitão, Billy lhe falou que ele nos roubou? - Questionei.

- Espere aí, White Boy. Eu faço as perguntas. É verdade o que o Billy falou?

Balancei a cabeça, indignado.

- Capitão, com todo respeito, o senhor tem que prender o Billy...

O capitão apoiou as mãos na mesa e se aproximou.

- Billy é meu sobrinho, White Boy. Então eu sugiro que abra sua bolsa e pegue o ouro dele agora mesmo, ou vai conhecer nosso... como os brasileiros chamam mesmo...? - perguntou ao policial do seu lado.

- Calabouço... capitão - O homem respondeu.

- Ou vai dormir esta noite em nosso calabouço.

- Ok. E quanto ao fato de ter me roubado, não vai fazer nada? - Insisti

- Não recuperou o ouro? Agora devolva a parte dele e pra mim está tudo resolvido - Me disse com naturalidade.

Lembrei-me das janelinhas com grade que vi na chegada e imaginei que o ambiente ali não seria muito propício para alguém bem afetado pela malária. Abri a bolsa e peguei o embrulho com o ouro. Imediatamente o capitão puxou uma balança digital de uma gaveta e colocou sobre a mesa.

Eu abri o embrulho e derramei o ouro sobre a balança.

- Eram dois gramas e... - O capitão me interrompeu mais uma vez.

- Quatro gramas, White Boy. E Billy vai retirar a queixa.

Eu respirei fundo, pesei os quatro gramas e fui liberado. Agora tinha ainda menos dinheiro para comprar o diesel. Saí pela vila, tentando achar uma boa alma para me ajudar.

Consegui comprar o diesel com um guianense que estava começando o comércio na região. Ele me cobrou mais caro, mas paguei apenas uma entrada. Mais uma dívida sobre a pobre máquina do Perenong.

Tudo conforme os planos, o homem saiu ainda de manhã para entregar o diesel em nosso barranco. Eu aproveitei a carona, depois de tomar um monte de remédios. Agora era questão de tempo para sabermos que encrenca seria trabalhar nas terras "proibidas" do Mister Rolland Hamilton.

35. A LENDA ERA SÓ...UMA LENDA

Quando cheguei ao Perenong, com o óleo diesel, Mister Rolland sapateava na beira do barranco. Parecia muito irritado. A equipe já estava com quase tudo pronto, como tinha sido combinado, menos para Rolland, claro. Assim que me viu, Mister Rolland veio ao meu encontro.

- White Boy mande tirar as máquinas dali imediatamente... - Me disse irritado.

Eu tirei a mochila das costas, enquanto ele gritava ao meu redor e mostrei nosso contrato.

- O senhor vê aí? Pela lei eu posso trabalhar em qualquer parte da sua concessão...

- Não, não é assim... - Disse ele olhando para o papel.

- É o que está escrito. Na verdade, podemos até virar esta pedra aqui... - Disse eu batendo na pedra que sustentava seu acampamento. Ao que parece isso o irritou ainda mais.

- Você está louco? Aqui é meu acampamento...

- Nós podemos construir outro para você. Mas hoje ainda vamos começar por ali. - Disse a ele, apontando para o local onde tinham colocado o equipamento.

Mister Rolland me devolveu o papel e entrou em seu acampamento. Olhei para a turma no barranco e eles me olhavam com os olhos arregalados.

Abastecemos os motores e começamos a mandar o famoso

e disputado cascalho próximo ao acampamento do Mister Rolland.

Eu nem aguentei mais ficar em pé. Fui para acampamento e me deitei na rede, onde peguei no sono.

Já era noite quando fui acordado por Ravi. A febre tinha ido embora. Levantei, fui até o fogão e comi alguns pedaços de traíra fritos. A comida, enfim, parecia assentar no estômago. Ceará e Rambo haviam feito acampamento próximo ao local de trabalho. Apenas eu e Ravi ficamos no antigo acampamento.

Perguntei a Ravi como tinha sido o trabalho, ele disse que a área já tinha sido trabalhada, pois tinham encontrado garrafas antigas e vários emparedamentos de madeira, provavelmente feitos durante uma exploração antiga. Aquilo me deixou um pouco desconfiado, pois imaginava que boa parte da área era virgem, ou seja, nunca havia sido trabalhada.

No dia seguinte, mais recuperado, "caí" na lama com a equipe. O óleo que tínhamos daria para mais ou menos um dia de trabalho. O material era lindo. Dava gosto de vê-lo caindo na resumidora. Eu até imaginava o som dos diamantes batendo uns contra os outros nas peneiras.

Mister Rolland passava por ali e ficava observando sem se aproximar. Quando eu subia na beirada do barranco para conversar, ele se afastava. Parecia chateado comigo. Compreensível, já que o confrontei.

Mesmo com pouco combustível, fizemos um belo estrago no cascalho do Mister Rolland. Era hora de resumir a produção.

Fizemos a despesca, desta vez, com mais expectativas do que de costume, devido a tantas "fofocas" sobre o local.

Porém, mais uma vez, não havia diamantes na resumidora. Mister Rolland não parecia surpreendido. O que me levou a entender que, o velho Rolland Hamilton tinha criado essa lenda sobre suas terras no Perenong, para atrair garimpeiros desavisados como eu. Essa história de esconder a produção, de não deixar testar a terra próxima ao seu acampamento. Tudo não passava de um grande engodo. E não podia cobrá-lo por isso, pois nunca me disse que tinha algo lá. A grande lenda dos diamantes no Perenong, pelo menos para nós, era apenas uma lenda. Ainda fiquei, por muito tempo, com a ideia de que, debaixo daquela pedra havia algo. Mas essa lenda deixei para outros desvendar.

Essa foi nossa última despesca no Perenong. Produzimos um pouco de ouro, que foi usado para pagar o que eu tinha tomado como empréstimo da equipe. Agora não tinha mais saída. O Perenong tinha me derrotado definitivamente. Não tinha mais forças, nem físicas nem psicológicas para continuar.

No dia seguinte, falei com meu tio no rádio, após expor a situação, ele me disse que deixasse a máquina sob os cuidados de alguém e fosse encontrá-lo no Suriname, onde passaria o

Natal e fim de ano.

Mister Rolland Hamilton disse que passaria o Natal ali mesmo, então, combinei com ele que cuidasse do maquinário, mediante pagamento, claro.

Era dia 23 de Dezembro quando eu e Ceará chegamos no Kurupung, para embarcarmos de volta à Georgetown. Na mercearia, enquanto comíamos algo, assistimos a final do campeonato brasileiro daquele ano entre Atlético Paranaense e São Caetano.

Não havia mais passagens disponíveis no Jetboat. Então conseguimos passagens de avião na última hora, depois da desistência de alguns passageiros e pagando mais caro. Ceará emprestou-me o dinheiro para comprar, pois nem isso me restou.

Quando o avião subiu, fiquei observando a estrada que levava ao Perenong e relembrando quanto momentos difíceis vivi ali. A paisagem da região do alto Mazaruni era linda. Muitas quedas d'água, montanhas, paredões rochosos, a exuberância da natureza estava ali em várias formas. "Tão bela quanto difícil" pensei.

Por onde for e passe o tempo que passar vou carregar o Perenong comigo. É como uma cicatriz, de uma ferida que machucou muito e que agora se curou, mas deixou a marca para que nunca me esqueça.

Aquele lugar forjou algo em mim. Até hoje nos momentos mais difíceis ele me vem à memória, como se dissesse, olha, você sobreviveu a mim. Eu venci, mas você sobreviveu e aprendeu. Isso te fez mais forte.

Deixei parte de mim naquele local. E o Perenong também deixou algo em mim. Cumpri minha jornada e dela tirei algo de bom, algo transformador. As derrotas nos ensinam mais que as vitórias. Toda dificuldade nos ensina.

Ensina a respeito das pessoas, nos mostra aqueles que nos amam verdadeiramente. Que nos consideram, que nos apoiam, isto vai além da família, amigos e conhecidos. Nos mostra que há pessoas no mundo que nos ajudam independente de quem somos, pois a ajuda, a caridade, não depende de quem recebe, e sim de quem é a pessoa que lhe ampara.

Hoje percebo que as pessoas não chegam até nós por acaso, cada um tem sua missão na nossa vida assim como temos a nossa missão na vida de cada com quem convivemos. Cada um daqueles desprezados que trabalharam comigo, fizeram parte de uma importante etapa para que eu pudesse atravessar aquele período difícil. Ravi, o homem da cueca furada, o Rastaman, Ceará, Rambo, Mister Rolland Hamilton. No fim, todos nos ensinam algo.

36.A ÚLTIMA VISITA

No ano seguinte, após ter voltado para o Suriname, onde fui trabalhar em dragas no rio Maroni, meu tio me incumbiu uma nova missão na Guiana.

Outro brasileiro, iria assumir o comando do maquinário no Perenong. Eu tinha que ir até lá, apresentá-lo ao Mister Rolland e liberar a máquina para que trabalhasse, já que a mesma estava sob os cuidados do velho Rolland.

Como minha permissão de trabalho tinha vencido, eu precisava de um visto para entrar na Guiana. Porém, a previsão era uma demora de vários dias, senão meses, para conseguir o visto. Então, tomados pela pressa, decidimos que eu iria entrar ilegalmente na Guiana.

Contatamos os caras que faziam esse tipo de "serviço" costumeiramente, acertamos o preço e no dia seguinte, de madrugada, peguei uma van com destino à fronteira dos dois países. José Maria, outro brasileiro, também iria fazer a travessia, junto comigo.

Suriname e Guiana eram divididos pelas águas do rio Courantyne, a travessia era feita de balsa, isso legalmente, claro. Não era o meu caso. Chegamos a Nieuw Nickerie, terceira maior cidade do Suriname, na fronteira, onde nos reunimos numa casa com outras pessoas que fariam a travessia. Somente eu e José Maria, éramos brasileiros. Ali estavam guianenses, surinamenses e até chineses, esperando o momento certo de atravessar.

A equipe de atravessadores conversava em celulares uns com os outros, acertando o momento certo da travessia.

Enquanto esperávamos, percebi que muitos ficaram nervosos depois de receber algumas ligações telefônicas. Perguntei a uma mulher, uma guianense, que estava sentada ao meu lado, o que estava acontecendo.

Ela me explicou que na Guiana, estavam acontecendo protestos de eleitores contrários ao novo presidente eleito. Nesses protestos havia depredações, os carros eram parados, alguns eram incendiados e estrangeiros sofriam agressões. O transporte das vans da fronteira até Georgetown estava suspenso.

Quando contei a José Maria a situação, ele ficou apavorado.

- Não, macho, eu num vô não. Tu é doido? - Disse sapateando na minha frente.

- Calma Zé, não é bem assim - Tentei tranquilizá-lo.

- A hora que esses homi vê que somos brasileiros, vão matá nóis dois. Eu vou é voltar - E saiu para falar com um dos atravessadores.

Eu também senti medo naquele momento. Mas acho que minha falta de noção me fez continuar. Alguns minutos depois, Zé se aproximou:

- Macho, bora voltar comigo. Isso não é brincadeira não. Se

até eles que são daqui tão preocupados.

\- Eu vou continuar Zé - Respondi.

Depois que Zé Maria entrou na van e partiu de volta a Paramaribo, eu fiquei apreensivo. Apalpei o bolso para conferir os cem dólares que tinham me recomendado levar, caso fosse parado por algum guarda, e pensei no tamanho da loucura que estava fazendo. Nesse momento, a mulher que estava ao meu lado colocou sua mão sobre meu braço e disse:

\- Não se preocupe, Deus está com você.

A forma como falou, o seu jeito calmo e delicado, incrivelmente me acalmaram. Ela estava com um bebê nos braços e parecia muito tranquila. Isso foi por um momento, até que um dos atravessadores entrou ali e começou a gritar dizendo que tinha chegado a hora. Formou-se um tumulto. Todos corriam em direção a um local escuro, empurrados muitas vezes pelos atravessadores.

\- Rápido! Rápido!

Homens, mulheres, idosos e crianças todos se aglomeraram num pequeno barco de madeira. Uns dos homens tirava água do barco com um balde, enquanto outro dava a partida no motor de 250 hps. O motor funcionou e o homem acelerou com força, derrubando algumas pessoas.

Navegamos pelo rio Nickerie até ele desaguar num braço do mar. Ali as ondas eram altas e jogavam o pequeno bote para o alto. A água fria respingava nos passageiros. Mulheres e crianças gritavam o tempo todo.

Até que o homem que tirava a água gritou para o piloto. Havia um buraco no casco, o barco estava enchendo de água. Ele não estava conseguindo tirar a água. O piloto decidiu voltar. Todos começaram a ajudá-lo a tirar a água com o que tinham à mão, boné, bota e até com as próprias mãos. Retornamos ao ponto inicial e entramos noutro barco, os atravessadores gritavam para nos apressarmos que a polícia chegaria a qualquer momento.

Feita a troca, partimos outra vez. A maré estava agitada, jogava o barco para cima, quando batia de volta na água parecia que ia se abrir no meio.

Já tinha amanhecido quando chegamos do outro lado, no território guianense. O barco foi atracado e uma fila se formou. Já não havia mais pressa. Todos foram saindo, pareciam agradecer por estarem vivos.

A alguns metros dali, um policial guianense observava o desembarque. Coloquei minha mochila nas costas e comecei a andar a passos largos com a esperança de não ser notado. Grande bobagem. Eu, o único branco, no meio de todos os passageiros? O guarda se aproximou e me interceptou.

- De onde você é? - me perguntou.

- Sou brasileiro...

-    Seu passaporte, por favor - disse me estendendo a mão.

Abri a mochila e lhe entreguei meu passaporte. Ele folheou e o devolveu:

-    Você não tem visto - disse- me com a cara fechada.

-    É, não tenho...

-    Entre no barco e volte para o Suriname - ordenou apontando para o barco dos atravessadores.

"E agora?" Pensei. É neste momento que devo oferecer os cem dólares? Meus princípios e claro, o medo de ser preso não me permitiram fazer isso. Mas tinha medo de entrar naquele barco outra vez também. Estava com a mão sobre o bolso já, quando alguém cumprimentou o policial. Era a mulher com o bebê no colo. Ela conhecia o policial e disse a ele que eu era um amigo. O policial me encarou e mesmo estando na cara que era mentira, me liberou. Quando virei às costas, ele me perguntou aonde ia, eu respondi que iria a Georgetown. O policial, então, disse à mulher que eu não conseguiria chegar lá, pois não havia transporte. E se houvesse, provavelmente seria morto pelos manifestantes. Ela sorriu dizendo que tudo se resolveria. Eu olhei para o barco que agora se tornava uma opção a considerar, mas ele tinha acabado de zarpar.

A mulher me chamou e disse:

-    Não se preocupe, vamos dar um jeito. Você pode dormir em minha casa se quiser. Eu moro perto daqui.

Nossa primeira reação quando algum estranho resolve nos ajudar é desconfiar. Por que aquela mulher se arriscaria por um estranho? O que ela queria em troca?

Eu, como não tinha outra opção, aceitei acompanhá-la até sua casa. Ao chegar a sua casa, cinco crianças saíram correndo abraçá-la. Eram seus filhos. Ela vivia com seis filhos e sua mãe, em condições difíceis, aparentemente. Íamos entrar em sua casa, quando ela recebeu uma ligação. Era um amigo, que ia a Georgetown e tinha lugar para passageiros. Ela me perguntou se queria arriscar ir naquela noite mesmo, pois o amigo iria mais tarde, quando os protestos teriam diminuído. Eu aceitei.

Sentei numa cadeira na varanda da casa, e as crianças vieram todas ao meu redor. Eram todos de origem indiana, acho que era raro verem um branco como eu por ali. Eles puxavam meus pelos dos braços e o meu cabelo e riam. Tinha me tornado uma atração para eles.

Quando o carro chegou, me despedi de todos e puxei cem dólares do meu bolso e o entreguei à mulher. Ela recusou. Disse que não ajudava por dinheiro, e que não aceitaria de jeito nenhum. Eu agradeci e me despedi.

Deixei o local naquele carro com mais uma lição para minha vida. Existem realmente pessoas que ajudam sem intenção de receber algo em troca. Aquela mulher nitidamente passava necessidades, mesmo assim recusou meu dinheiro. Se foi Deus que a enviou, não tenho certeza, mas ela falava em seu nome o tempo todo.

As pessoas surgem nas nossas vidas por alguma razão. Mesmo parecendo que são as pessoas erradas, ou as pessoas que não nos tem nada a oferecer, a vida nos prova o contrário. Todos têm algo a nos ensinar. Do mais humilde, do mais desajeitado, do mais chato, sempre tem algo que podemos obter para nossa vida. Talvez, se nesta parte da minha vida eu tivesse cruzado com outras pessoas, não teria sobrevivido.

Segui viagem e consegui chegar a Georgetown são e salvo. Fui até o Kurupung e passei o "cetro do sofrimento do Perenong" (ironia) ao novo gerente. E esta foi a última vez que estive lá.

Quando vivemos uma experiência difícil, não entendemos naquele momento, mas no futuro, quando superado aquela situação, percebemos então, que ficamos mais fortes, mais resilientes e principalmente mais gratos. Por isso não ficou nenhum ressentimento, e o que sinto em relação ao Perenong, é apenas gratidão, pelas lições que me ensinou. O resumo deste livro, aliás, pode ser expresso pela palavra gratidão. Foi a maior lição da minha vida.

POSFÁCIO

Guiana, este pequeno país que parece não fazer parte da américa do sul, dada a influência cultural européia, asiática e africana, com costumes muito diferentes dos nossos países de origem latina.

Lá vivi a maior experiencia de autoconhecimento da minha vida. Daquelas únicas, onde nossas crenças, opinioes e préconceitos são esmagados pela empatia e solidariedade, e que nos fazem ter um crescimento interior imenso, onde nossa mente se abre e se expande, mostrando que o mundo é muito mais do que aprendemos na escola e nos nossos lares.

Na Guiana eu passei por tudo isso. E como não podia deixar de mencionar, tive um reencontro com minha espiritualidade e com Deus. E agradeço, hoje, por não ter tido nenhum tipo de julgamento sobre as pessoas ou costumes que vivenciei. Isso com certeza me ajudou a sobreviver.

Claro que não identifiquei isso enquanto vivia (ou quase morria) na selva guianense, apenas anos mais tarde, eu percebi que as pessoas que se aproximaram tinham feito parte dessa experiência, e não ouso aqui, de forma nenhuma, afirmar que foi arquitetada para que apenas eu aprendesse algo. Não tenho essa pretensão.

Deus, em sua infinita sabedoria, usou a mim como usou aos outros que viveram ali comigo, para ensinar-nos uma lição. Uma lição de força, humildade e fé. Três coisas, que sem as quais, eu tenho certeza, não estaria aqui hoje para contar esta história.

SOBRE O AUTOR

Mano Rosseto

Nascido paranaense, de Capitão Leônidas Marques, filho dos gaúchos João Estevão Rosseto, pedreiro e Alzira Maria Rosseto, dona de casa e exímia cozinheira, Rogério Manoel Rosseto cresceu em Mato Grosso, na pequena Terra Nova do Norte.

Como amante das histórias, de todos os tipos e meios, desde criança sempre foi bom ouvinte. De imaginação fértil criava mil versões para o mesmo fato.

Escritor por paixão, procura colocar nos livros as experiências vividas misturadas e preenchidas com nacos de sua imaginação.